7.9급 정보직(군사·기술정보) 군무원 대비

김민곤
국가정보학
Special
실전 모의고사

Vol. 2

김민곤 저(국제정치학 박사)

국가정보학 실전모의과정

- 국가정보학 기출문제 유형과 난이도 고려 엄선(7급·9급)
- 7급·9급에 최적화된 실전테스트 모의고사
- 풍부한 해설과 핵심원칙 강조하여 지식재무장
- 실전능력 배양으로 실전 필기시험에서 실수 최소화

서 문

김민곤 국가정보학
Special 실전 모의고사 Vol. 2
정보직(군사 · 기술정보)군무원 편

본 '김민곤 국가정보학 Special 실전모의고사 Vol. 2'는 '김민곤 국가정보학'의 저자(著者)가 8년간 직접 강의하면서 경험한 지식과 수년간 기출문제의 유형과 난이도를 고려하여 직접 출제한 최고권위의 'Special 실전 모의고사 문제집'이다.

'김민곤 국가정보학'은 지난 수년간 정보직 군무원 도전자들에게 필독서로서 자리매김하였고 수많은 수강생들과 전국 최다합격자들을 배출하였다.

이 교재를 통하여 학습한 정보직 군무원 도전자들이 2019년 이후 매년 전국에서 가장 많은 합격률을 나타내었고, 국방부 · 육군 · 해군 · 공군 · 해병대 정보직 군무원으로서 자랑스럽게 근무하고 있으며, '현직 군무원 및 현 수강생들만 가입이 가능한 '김민곤 국가정보학' 카페에는 여전히 1,000이 넘는 인원들이 가입하여 정보를 교환하고 있다. 아울러 2022년도에는 정보직 9급에서 전국 유일하게 100점 만점자 2명을 배출하였다.

본 'Special 모의고사 Vol. 2는 '김민곤 국가정보학' 학습과정의 제3단계인 '실전모의과정'에 필요한 교재이다.

'김민곤 Spacial 실전 모의고사 Vol. 2'는 다음과 같은 특징이 있다.

첫째, 2014년~2024년까지의 11년간 국가정보학 기출고사의 유형과 난이도를 고려 엄선하여서 출제하였다.

둘째, 정보직 7급 및 9급에 모두 최적화되도록 출제하였고, 저자의 해박한 직무지식을 동원하여 풍부한 해설로 써 독자들이 충분하게 이해하도록 배려하였다.

셋째, 국가정보학 이론과정(1단계), 심화 및 핵심요약과정(2단계)을 마치고, 3단계 실전모의과정으로서 기출문제의 난이도 및 문제유형을 완벽적응시켜 실전에서 실수를 최소화 하는데 초점을 맞추었다.

따라서 본 모의고사를 통하여 독자들의 실전 능력을 축적하고 배양할 수 있도록 돕고 있다. 본 모의고사 문제집은 정보직 군무원에 도전하고자 하는 미래의 정보전문가들에게 최고의 자신감을 주는 것을 의심하지 않는다.

We go Together!

2025년 4월
성결대학교 재림관 610호 연구실에서
김 민 곤 (한국 국가정보학회 부회장, 국제정치학 박사)

CONTENTS
이 책의 차례

김민곤
국가정보학
Special
실전 모의고사 Vol.2

제 ① 편 문제편

01회 모의고사	1
02회 모의고사	7
03회 모의고사	14
04회 모의고사	20
05회 모의고사	26
06회 모의고사	33
07회 모의고사	40
08회 모의고사	47
09회 모의고사	54
10회 모의고사	61
11회 모의고사	67
12회 모의고사	73
13회 모의고사	81
14회 모의고사	88
15회 모의고사	95
16회 모의고사	103
17회 모의고사	110
18회 모의고사	117
19회 모의고사	126
20회 모의고사	134
21회 모의고사	141
22회 모의고사	148
23회 모의고사	157
24회 모의고사	164
25회 모의고사	172

김민곤
국가정보학
Special
실전 모의고사 Vol.2

제 ② 편 해설편

01회 해설	182
02회 해설	187
03회 해설	191
04회 해설	195
05회 해설	199
06회 해설	204
07회 해설	209
08회 해설	213
09회 해설	217
10회 해설	222
11회 해설	226
12회 해설	230
13회 해설	234
14회 해설	238
15회 해설	243
16회 해설	248
17회 해설	253
18회 해설	257
19회 해설	262
20회 해설	268
21회 해설	273
22회 해설	277
23회 해설	283
24회 해설	288
25회 해설	293

김민곤 국가정보학
Special **실전 모의고사 Vol. 2**
정보직(군사·기술정보)군무원 편

Special
실전 모의고사

01회 모의고사 문제

정답 및 해설 182p

01. 다음 중 정보분석에 대한 설명으로 옳지 않은 것은?
① 정보분석은 미래에 전개될 상황을 전망하고 파급되는 영향을 예측하여 대책을 제시하는 것이 필요하다.
② 국가정보는 국가현안과 관련된 정보만을 분석하고 생산해야 한다.
③ 정보분석은 동일한 사실관계를 기초하므로 분석하는 사람의 입장에 따라서 결과가 상이해서는 안된다.
④ 정보분석은 정보순환과정의 한 단계로서 수집된 내용을 정보로 생산하는 활동이다.

02. 국가정보에 대한 설명 중 틀린 내용은?
① 국가정보는 국가가 존립하고 발전하기위한 필수 불가결한 요체이다.
② 국가정보는 국가경영의 나침반 역할을 할 수 있다.
③ 국가정보를 유용한 통치수단으로 활용할 수 있다.
④ 국가정보는 정보기구뿐만이 아니라, 법집행기구의 역할도 할 수 있다.

03. 정보분석관의 오류형태가 아닌 것은?
① 고객과신주의   ② Group Think
③ 늑대소년효과   ④ 주석전쟁

04. 다양한 해외세력의 국내에서의 간첩활동, 사보타지, 암살, 기타 국내에서의 파괴적활동에 대응하기 위해 수집하는 정보를 무엇이라고 하나?
① 국내정보　　　　　　　　　② 해외정보
③ 정책정보　　　　　　　　　④ 방첩정보

05. CIA의 정보순환 5단계는?
① 요구 → 처리탐색 → 분석 → 생산 → 배포
② 기획 및 지시 → 수집 → 처리탐색 → 분석 및 생산 → 배포
③ 요구 → 수집 → 분석 → 생산 및 배포 → 소비
④ 기획 및 지시 → 수집 → 처리탐색 → 분석 및 생산 및 배포 → 소비

06. 미국의 국가정보목표 우선순위(PNIO) 작성권자는 누구인가?
① DNI　　　　　　　　　　　② DCI
③ NSC　　　　　　　　　　　④ CIA

07. 다음 중 기술정보가 <u>아닌</u> 것은?
① 영상정보　　　　　　　　　② 공개정보
③ 신호정보　　　　　　　　　④ 징후계측정보

08. 다음 가운데 신호정보가 <u>아닌</u> 것은?
① 코민트(통신정보)　　　　　② 엘린트(전자정보)
③ 텔린트(원격측정정보)　　　④ 레딘트(레이저정보)

09. 물리적보안과 관련하여 현행 법규범의 내용으로 비인가자는 출입이 금지되어 있는 보안상 극히 중요한 구역을 무엇이라고 하는가?
① 통제구역
② 제한구역
③ 제한지역
④ 보안구역

10. 외교관신분의 정보관이 정보활동중에 주재국 방첩기관에 체포되어 본국으로 추방당하는 것을 무엇이라고 하는가?
① PNG(persona non grate)
② Counterintelligence
③ NCND
④ Cover

11. 테러에 대한 미국의 대응으로 잘못 설명 한 것은?
① 미국은 애국법과 반테러법에 따라서 국가정보장(DNI)이 테러단체를 지정한다.
② 테러문제의 최고실무기구는 국가대테러센터(NCTC)이다.
③ 국가대테러센터는 ODNI산하에 설치되어 있다.
④ 9.11테러이후 미국은 국토안보부를 설치하였다.

12. 사이버테러의 종류가 아닌 것은?
① 파일삭제
② 웜 바이러스
③ 트로이 목마
④ 불법복제

13. 북한의 평시 사이버 공격을 실시하는 기관 중 다른 기관은?
① 정찰총국
② 전자정찰국(121국)
③ 총참모부 지휘자동화국
④ 110호 연구소

14. 다음 중에 대테러부대가 <u>아닌</u> 것은?
① DEVGRU ② SAS
③ YAMAN ④ USSS

15. 인원보안의 수단에 해당되지 <u>않는</u> 것은?
① 신원조사 ② 동향파악
③ 충성맹세 ④ 보안서약

16. 비밀수발에 대해 잘못 설명한 것은?
① 모든 내용은 암호화하여 정보통신망(전산통신/팩스)으로 송수신한다.
② 가능한 비밀취급자가 직접 접촉하여 수발한다.
③ 각급기관의 문서수발 계통에 의해 수발한다.
④ 긴급시에는 등기우편 택배로도 발송하는데, 직접 본인에게 전달하므로 자주 이용함이 안전하다.

17. 해외에서 주재국에 대남정책에 대한 정보를 수집하며, 1987년 KAL858기 폭파를 주도했던 북한의 정보기관은?
① 정찰총국 ② 당 35호실
③ 당 작전부 ④ 당 225국

18. 국제 조직범죄의 폐해가 <u>아닌</u> 것은?
① 국제 조직범죄가 국가사회의 안정과 안보위협과는 무관하다.
② 각종 범죄를 통해서 전 세계 민주주의를 잠식한다.
③ 불법거래, 밀수 등을 통해 자유시장을 좌절시킨다.
④ 밀수 등을 통해 국가자산을 유출시킨다.

19. 정보기관의 산업정보 수집 방법에 대한 설명 중 틀린 내용은?
① 민간기업 내부동향파악, 각종자료 수집 등 공개정보를 통한 수집
② 퇴직자, 내부고발자, 전문가 등을 이용한 인간정보를 통한 수집
③ 기술제휴, 합작추진, 기업인수 등 상거래 방식을 이용한 수집
④ 첨단장비를 이용한 기술정보 수집은 막대한 비용이 소요되므로 가급적 실시하지 않는 추세이다.

20. 사이버범죄 유형 중에서 해킹과 관련된 범죄는?
① 허위사실 유포, 명예훼손   ② 사이버 스토킹
③ 전자문서 도용 및 변조   ④ 컴퓨터 바이러스 유포

21. 다음 정보기관 중에서 군 정보기관이 <u>아닌</u> 것은?
① 국가정찰국(NRO)   ② 정보사령부(DIC)
③ 전략정보사령부(KSA)   ④ 정보방첩실(OICI)

22. 다음 정보기구중 통합형 정보기구가 <u>아닌</u> 것은?
① 한국 국가정보원(NIS)
② 영국 비밀정보부(SIS)
③ 북한 국가안전보위성
④ 중국 국가안전부(MSS)

23. 다음 중 정보기구와 소속이 다른 것은?
① 중국 국가안전부(MSS)-총리
② 영국 보안부(SS)-수상
③ 이스라엘 모사드-수상
④ 프랑스 해외안보총국(DGSE)-국방부

24. 다음 중 국가급 정보기관이 <u>아닌</u> 것은?
① 이란 핵보안국(오하브2)
② 러시아 연방보안부(FSB)
③ 프랑스 국내안보총국(DGSI)
④ 이스라엘 신베트(Shin Beth)

25. 한국 국방부의 군 정보기관이 <u>아닌</u> 것은?
① 국군 정보사령부
② 국방정보본부
③ 국군 방첩사령부
④ 국군 사이버작전사령부

02회 모의고사 문제

01. 정보사령부의 기능이 <u>아닌</u> 것은?
① 인간정보 ② 신호정보
③ 공개정보 ④ 대(對) 정보

02. 우리나라 정보기관에 대한 통제 방법이 <u>아닌</u> 것은?
① 대통령의 인사권 ② 국회의 임명권
③ 여론의 보도 ④ 국회의 예산심의

03. 다음 내용에 해당하는 선전방법은?

- 출처를 철저히 은폐하는 방식으로 전개한다.
- 주로 상대국에 허위정보나 폭로정보 등을 제공할 때 사용한다.

① 백색선전 ② 흑색선전
③ 황색선전 ④ 회색선전

04. 국가정보원이 보유하고 있는 조직이 <u>아닌</u> 것은?
① 북한자료센터 ② 국제범죄정보센터
③ 북한이탈주민보호센터 ④ 국가사이버안보센터

05. 방첩사령부에서 다룰 수 있는 수사권의 범위가 <u>아닌</u> 것은?
① 군사기밀보호법 위반죄
② 군내 방첩보안관련 죄
③ 산업기밀보호법위반죄
④ 군형법 상 반란·이적의 죄

06. 정보기구에 대한 설명으로 적절하지 <u>않은</u> 것은?
① 정보기관은 정부부처와 달리 주로 적을 대상으로 한다.
② 정보기관은 정책부서를 지원한다.
③ 정보기관의 국내·외 불법활동은 국가이익차원에서 용인된다.
④ 정보기관은 정부기관 안에 포함된다.

07. 다음 중 국가정보기관이 <u>아닌</u> 것은?
① NGA
② SIS
③ BfV
④ DRSD

08. 다음 정보기관 중 성격이 다른 하나는?
① SIS
② FBI
③ FSB
④ 신베트

09. 다음 중 미국의 9.11과 관련이 <u>없는</u> 것은?
① ODNI
② DHS
③ 애국법
④ CIA

10. 국가방첩보안센터(NCSC) 대한 설명으로 틀린 것은?

① 국가방첩전략을 계획하고, 방첩정보를 수집 분석하는 등 컨트롤타워 역할을 수행한다.
② 정보공동체의 방첩보안활동을 지원한다.
③ 테러리스트 감시센터(TSC)를 운용한다.
④ FBI와 협조하며, 연방정부와 관련기관에 내부자위협 탐지 및 예방프로그램을 수립 및 개발 지원한다.

11. CPCON에 대한 설명으로 틀린 것은?

① 사이버테러 등 정보전을 시도할 가능성에 대비하기 위한 군차원에서 대응하는 합참의 사이버 방호태세이다.
② 2013년 3월 방송사와 은행 전산망 마비시 3단계로 격상했다.
③ 관심, 주의, 경계, 심각단계로 나뉘며 대테러센터장이 발령한다.
④ 우리 군의 컴퓨터망과 네트워크 체계에 대한 공격 징후를 사전에 포착하여 예방하고 피해를 최소화하기 위함이다.

12. 다음 내용에 해당하는 기관은?

- 사이버 침해사고에 대비하기 위해 과학기술정보통신부 산하로 2009년 창설됨.
- 미래 인터넷정보 보호산업의 성장 기반을 조성하고, 정보보호산업의 해외진출을 지원하며, 국내 인터넷침해사고 대응센터를 운용한다.

① 한국인터넷진흥원(KISA) ② 한국전자통신연구원(ETRI)
③ 국가보안기술연구소(NSRI) ④ 국방과학연구소(ADD)

13. 다음을 설명한 것은 무엇인가?

> 국가정보목목표 우선순위(PNIO)에 근거하여 해당기관의 첩보수집활동을 위해 수립하는 세부지침으로 각정보기관은 수집능력과 자산, 환경여건 등을 고려하여 세부적으로 작성한다.

① EEI
② PNIO
③ OIR
④ SRI

14. 다음 내용에 해당하는 바이러스는?

> 2017년 5월, 러시아 내무부 PC 1000대, 중국 국영석유회사 주유소 2만여대와 영국 48개 의료법인시스템을 마비시키는 등 150여개 나라에 23만여대의 컴퓨터를 감염시켜 피해를 입혔으며 감염된 컴퓨터로는 20개의 언어로 비트코인을 지급하면 풀어주겠다는 메시지를 띄웠음.

① 워너크라이(WannaCrypt) 공격
② DoS(서비스 거부공격)
③ 트로이목마(Trojan Horse)
④ 스턱스넷(Stuxnet)

15. 우리나라의 대테러에 대비한 조직에 대한 설명으로 틀린 것은?

① 테러대책위원회내 대테러 인권보호관 1명을 둔다.
② 테러대책 실무위원회 위원장은 국가정보원장이다.
③ 테러대책위원회와 대테러센터장은 국무총리 소속이다.
④ 테러정보통합센터장은 국가정보원장이 임명한다.

16. 다음 내용에 해당하는 테러 조직은?

> 아프가니스탄에 기반을 두고 사우디 출신이 창설한 이슬람 원리주의 국제 무장세력으로 반미 및 반 유대를 표방한 무장단체로 7천여명의 규모를 가지고 있다.

① 탈레반 ② 알카에다
③ 보코하람 ④ 무자헤딘

17. 2000년대 이후의 북한 도발에 해당하는 것은?

① 버마 아웅산 묘지 폭파 ② 황장엽 암살조 파견
③ 대한항공 858기 폭파사건 ④ 귀순자 이한영 피살

18. 다음 경제공작 중에서 설명에 해당하는 구체적인 공작유형은?

> - 파업을 유도하고 위조지폐를 발행, 대상국의 수출품 가격을 고의적 폭락시키는 등의 방법을 사용한다.
> - 생필품의 부족, 주식시장의 폭락과 같은 경제적 불안을 유도하기위해 각종 흑색선전활동과 심리전을 병행하는 것이 효과적이다.

① 경제공작 유형 ② 경제정책 변경유도
③ 경제정책 개입 ④ 경제정책 변화유도

19. 다음 북한의 당 225국이 저지른 테러가 아닌 것은?

① 일심회 간첩단 ② 왕재산 갑첩단
③ 이한영 피살 ④ 신상옥-최은희 납치

20. 한국의 산업정보활동과 관련된 기관이 <u>아닌</u> 것은?

① 대한무역진흥공사
② 국가정보원 산업기밀보호센터
③ 방첩사령부
④ 중소기업 기술정보진흥원

21. 정보기관 혁신의 필요성이 <u>아닌</u> 것은?

① 정보환경변화 따른 정보활동의 효율성 증진
② 정보실패와 불법성 및 부적절성에 대한 평가와 개선
③ 수시로 변화하는 국제질서에서의 정보수요 증대
④ 조직을 확대 및 확충하여 전방위적 활동 강화

22. 다음 중에 관련된 법령과 잘 연결된 것이 <u>아닌</u> 것은?

① 간첩행위 - 형법
② 외교상 기밀 누설 - 형법
③ 국가안보를 위한 통신제한조치 - 군사기밀보호법
④ 반국가단체 - 국가보안법

23. 다음 중 소속과 관련하여 성격이 다른 하나는?

① SVR(연방정보부)   ② BND(연방정보국)
③ 모사드(Mossad)   ④ FBI(연방수사국)

24. 다음 중 보호지역에 포함되지 <u>않는</u> 것은?

① 특별통제구역　　　　　　② 통제구역
③ 제한구역　　　　　　　　④ 제한지역

25. 다음 각국의 군사정찰 위성 명칭이 <u>아닌</u> 것은?

① 키홀(Key hole)　　　　　② 아리랑
③ 코스모스　　　　　　　　④ 젠빙(첨병)

03회 모의고사 문제

01. 다음 중 정보학자 Jennifer Sims(제니퍼 심스)가 정의한 정보는 무엇인가?
① 정보는 지식이며 조직이고 활동이다.
② 모든 첩보가 반드시 정보는 아니다.
③ 정보는 정책결정자를 위해 수집되고 조직화되며 분석된 지식이다.
④ 정보는 잠재적 위협으로부터 국가안보이익에 대한 위협에 대처하는 정부정책과 관련된 지식이다.

02. 정보와 정책의 관계에 대하여 올바르게 설명한 것은?
① 전통주의는 정보는 정책결정과 반드시 거리를 두어야 한다는 주장으로 현용정보를 중시하였다.
② 전통주의를 주장한 학자는 로저 힐스만이다.
③ 행동주의는 정보와 정책이 밀접한 공생관계를 유지해야 한다는 주장으로 마크로웬탈이 여기에 속한다.
④ 행동주의는 판단정보보다 현용정보를 중시하였다.

03. 다음 정보조직의 오류가 <u>아닌</u> 것은?
① 정보의 정치화   ② 관료주의
③ 부처이기주의   ④ 주석전쟁

04. 국가정보학의 기능이 아닌 것은?
① 국가정보활동에 대한 이론적 근거 제공
② 국가정보활동에 대한 합리성확보 및 비판억제
③ 국가정보활동 체계화 기반 조성
④ 국가정보활동의 민주적 법치주의에 부합 도모

05. 정보생산자와 수요자에 대한 설명으로 잘못된 것은?
① 국가정보의 생산자는 원칙적으로 국가정보기구이다.
② 비밀을 속성으로 하는 국가정보의 성격상 정보수요자에 민간단체나 일반기업 등은 전혀 포함되지 않는다.
③ 대통령, 정부부처장관, 의회 등이 주요 정보소비자이다.
④ 국가정보는 필요한 상황에서 적절히 반영되고 사용될 때에 진정한 가치가 있다.

06. 한국의 국가정보목표 우선순위(PNIO) 작성권자는 누구인가?
① 국가안보실장　　　　　　② 국방정보본부장
③ 국가정보원장　　　　　　④ 국군정보사령관

07. 다음 중 기술정보가 아닌 것은?
① 영상정보　　　　　　　　② 인간정보
③ 신호정보　　　　　　　　④ 징후계측정보

08. 다음 가운데 MASINT에 포함되지 않는 것은?
① 핵정보
② 레이다정보
③ 적외선정보
④ 원격측정정보

09. 비밀 또는 국가공유재산의 보호를 위해서 울타리, 혹은 방호인력에 의해 일반인의 출입에 대해서 감시가 필요한 지역은 무엇인가?
① 통제구역
② 제한구역
③ 특별보안구역
④ 제한지역

10. 다음 신분중에 정보기관의 정식요원은 누구인가?
① 정보관
② 첩보원
③ 정보원
④ 스파이

11. 9.11테러와 관련된 것이 아닌 것은?
① 국가정보장(DNI)
② 국가대테러센터(NCTC)
③ 국토안보부(DHS)
④ 중앙정보장(DCI)

12. 합참의 사이버방호태세(CPCON)에 대한 설명 중 틀린 것은?
① 북한의 사이버전 대비태세로 합참의장이 발령한다.
② 총 5가지 단계로 분류하며, 평시는 5단계로 정상적 활동이다.
③ 군이 사용하는 컴퓨터망과 네트워크체계에 대한 공격징후가 감지될 경우 이를 포착하여 군 및 민간기관에도 경보를 발령하고 대응한다.
④ 2013년 북한이 방송사와 은행 전산망을 공격하여 마비시 인포콘을 3번째 단계인 브라보(특정한 공격위험)까지 격상한 바가 있다.

13. 북한군의 사이버전에 대비한 한국의 기관은?
① 국군 사이버작전사령부
② 국가수사본부 사이버수사국
③ 국가정보원 국가사이버안전센터
④ 한국 인터넷진흥원

14. 다음 중에 한국의 1급 대테러부대가 <u>아닌</u> 것은?
① 육군 707특수임무단
② 경찰청 경찰특공대
③ 화생방사령부 24화학특수임무대
④ 공군 항공구조팀(SART: Special Airforce Rescue Team)

15. 다음의 3급 비밀에 해당하지 <u>않는</u> 것은?
① 음어자재　　　　　　② 암호자재
③ 정보부대 세부임무　　④ 전산소프트웨어

16. 다음 중 방첩기관에 해당되지 <u>않는</u> 것은?
① 국가정보원　　　　　② 경찰청
③ 방첩사령부　　　　　④ 국군정보사령부

17. 9.11테러이후 제정된 미국의 법은?
① 애국법　　　　　　　② 국제테러규제법
③ 자유법　　　　　　　④ 종합방지 테러법

18. 한국의 기술유출 품목 중 높은 순위에 포함되지 않는 것은?
① 반도체기술　　　　　　　　② 기계기술
③ 조선선박기술　　　　　　　④ 전기전자기술

19. 미 - 중간 무역전쟁의 경제적인 직접 및 간접적인 원인 아닌 것은?
① 미국의 대중국 무역 불균형과 미국의 만성적인 적자 지속
② 미국 지적 재산권의 중국으로의 불법 유출
③ 미래 성장 동력산업에 대한 거버넌스 획득
④ 미 - 중간 패권경쟁

20. 미국이 산업방첩활동차원에서 대비한 내용이 아닌 것은?
① 엑슨 폴리오법　　　　　　② 경제방첩 프로그램
③ 국가비확산센터　　　　　　④ 국가방첩센터

21. 다음 미국 국방부 및 군 정보기관이 아닌 것은?
① 국가정찰국(NRO)　　　　　② 육군정보보안사령부(INSCOM)
③ 전략정보사령부(KSA)　　　④ 해군정보국(ONI)

22. 다음 미국의 국가급 정보기관이 아닌 것은?
① DIA　　　　　　　　　　　② NSA
③ NGA　　　　　　　　　　　④ NRO

23. 다음 중 정보기구와 소속이 다른 것은?
    ① 일본내각정보조사실(CIRO) - 수상
    ② 영국 비밀정보부(SIS, MI6) - 내무부
    ③ 이스라엘 아만(AMAN) - 국방부
    ④ 독일 연방헌법보호청(BFV) - 내무부

24. 다음 중 국가급 정보기관이 아닌 것은?
    ① 북한 정찰총국
    ② 러시아 연방보안부(FSB)
    ③ 프랑스 국내안보총국(DGSI)
    ④ 이스라엘 신베트(Shin Beth)

25. 한국 군 정보기관 중 독립된 정보기관이 아닌 것은?
    ① 국군정보사령부
    ② 국방정보본부
    ③ 국군방첩사령부
    ④ 국방지형정보단

04회 모의고사 문제

정답 및 해설 195p

01. 국가정보학의 기능이 <u>아닌</u> 것은?
① 국가정보활동의 이론적 체계화 및 학문적 지식의 구축
② 불법적인 정보활동을 비판, 정보기관의 통제역할
③ 각종 정보활동의 법적 근거 마련 및 법치주의에 부합
④ 정보활동의 정당성 부여, 정보기관의 부정적 인식 전환

02. 국가정보활동의 필요성이 <u>아닌</u> 것은?
① 국가 위상 및 이미지 제고
② 국가이익 및 국가안전 보장
③ 국가정책의 합리적 선택 지원
④ 국가경쟁력 확보

03. 다음 내용에 해당하는 것은 무엇인가?

- 수집자료를 편집 정리하고 내용을 확인하여 발표하는 자료
- 목적성을 가지고 수집한 자료로 검증 및 평가되지 않은 자료
- 모든 정보의 기초자료가 된다.

① 데이터   ② 정보
③ 첩보   ④ 지식

04. 전략정보를 주로 취급하는 제대가 <u>아닌</u> 것은?
① 국방부
② 합동참모본부
③ 육군·해군·공군 본부
④ 군단사령부

05. CIA의 정보순환 5단계가 <u>아닌</u> 것은?
① 기획 및 지시
② 정보수집, 처리 탐색
③ 분석 및 생산, 배포
④ 환류

06. 인간정보의 주요 사례에 해당하지 <u>않는</u> 인물은?
① 리하르트 조르게
② 오토 웜비어
③ 퀸터 기욤
④ 로젠버그 부부

07. 한국의 민간 상업위성관련 연결이 <u>틀린</u> 것은?
① 아리랑위성 - 광학위성 - 기상, 해양 및 산불관측
② 무궁화위성 - 방송, 통신, GPS
③ 아리랑위성 - KT제작
④ 천리안 위성 - 다목적용(통신, 해양·기상관측, 우주관측)

08. 다음 중 대안분석 기법이 <u>아닌</u> 것은?
① 악마의 대변인
② 레드팀
③ 시나리오 전개 기법
④ 델파이기법

09. 다음 중 현용정보에 해당하지 않는 것은?

① 정보판단서　　　　　　② 일일브리핑
③ 일일정보　　　　　　　④ 고위정책정보요약

10. 비밀공작관련 법령이 아닌 것은?

① 애국법(2001년)　　　　② 휴즈 - 라이언법(1974년)
③ 정보감독법(1980년)　　④ 정보신원법(1982년)

11. 제국익문사에 대한 내용 중 틀린 것은?

① 1902년 고종황제가 창설한 정보기관이다.
② 비보장정이라는 23개조항의 활동 지침을 명문화하였다.
③ 국내 및 주변국에 대한 정보를 수집하였다.
④ 수장은 독리이며, 61명의 정보원이 있었고 현재 그 명단까지 잘 보존되어 확인이 가능하다.

12. 다음 테러발생의 원인이 아닌 것은?

① 개인적 신념의 차이　　　② 정치적 신념의 차이
③ 경제적 차별 및 갈등　　　④ 이민자의 사회, 문화적 차이

13. 우리나라 대테러방지법과 관련하여 다른 것은?

① 2016년 대테러방지법이 통과되었다.
② 2015년 극력한 반미주의자 김기종이 주한미국대사(니퍼트)를 테러한 사건이 대테러방지법 통과에 기여하였다.
③ 테러방지법이 통과이전에는 대통령훈령(28호)에 의거하여 대테러활동을 실시하였다.
④ 사이버테러 방지법도 함께 통과되었다.

14. 다음 산업정보활동 관련 4대 수출통제협약이 아닌 것은?

① 바세나르체제　　　　　　② 방위산업물자체제
③ 핵공급 그룹　　　　　　④ 미사일기술 통제체제

15. 우리나라의 사이버안전관련 기관이 아닌 것은?

① 국가수사본부 사이버 수사국　　② 합참 사이버작전사령부
③ 국가보안기술 연구소　　　　　④ 고려대학교 정보보호대학원

16. 북한의 평시 사이버테러(공격)관련 기관이 아닌 것은?

① 정찰총국　　　　　　② 110호 연구소
③ 121국(전자정찰국)　　④ 지휘자동화국

17. 컴퓨터 하드웨어에 대한 공격방법이 아닌 것은?

① 해킹　　　　　② 전파방해
③ 치핑　　　　　④ EMP탄

18. 다음 사이버공격의 특징이 <u>아닌</u> 것은?
① 은밀성 ② 익명성
③ 잠복성 ④ 감염성

19. 국제범죄 조직이 <u>아닌</u> 것은?
① 마피아조직 ② 중국 삼합회
③ 멕시코 카르텔 ④ 보코하람

20. 마약문제를 정보기관이 담당하는 이유가 <u>아닌</u> 것은?
① 마약은 해외에서 국제범죄집단이 국내로 반입, 비밀 루트추적 차단을 위해서 해외정보가 필수이다.
② 마약거래로 형성하는 막대한 자금이 국제테러조직과 연계, 조직적 추적 및 차단이 필요하다.
③ 국가정보기관의 조직이 경찰보다 방대하기 때문이다.
④ 해외정보기능을 국가정보기관이 보유함에 따라 각국 정보기관과 정보공유가 가능하다.

21. 한국의 마약법에 관련한 내용 중 사실과 다른 것은?
① 한국은 마약류 관리법이 2000년에 통합 제정되었다.
② 마약법에는 마약류, 향정신성의약품, 대마 등이 포함되어 있다.
③ 마약이 합법인 국가에서 마약을 복용하였다면 국내에서 처벌 받지 않는다.
④ 국내에서 마약법을 위반하고 마약이 합법인 국가로 도피해도 범죄인도조약에 의거 송환되어 처벌 받는다.

22. 북한의 테러와 관련된 기구가 <u>아닌</u> 것은?
   ① 호위사령부
   ② 정찰총국
   ③ 당 225국
   ④ 당 35호실

23. 다음 중 정보수집과 수사기능, 즉 법집행 기능이 통합된 기관이 다른 하나는?
   ① FSB(러시아 연방보안부)
   ② BfV(독일 연방헌법보호청)
   ③ Shin Beth(이스라엘 신베트)
   ④ FBI(미국 연방수사국)

24. 다음에 보호지역의 분류중 해당되는 것은?

   - 비인가자 접근을 방지하고 안내를 받아서 출입한다.
   - 사전에 출입을 신청하지 않아도 된다.

   ① 특별통제구역
   ② 통제구역
   ③ 제한구역
   ④ 제한지역

25. 다음 성격이 다른 것은?
   ① 헬리오스
   ② RC-800G
   ③ U-2
   ④ TU-95기

05회 모의고사 문제

정답 및 해설 199p

01. 국가정보활동의 필요성이 아닌 것은?
① 국가이익과 국가안보에 우선하는 정보활동
② 국가의 가치체계인 자유, 생존, 번영에 중점
③ 국내외 정책의 합리적 선택
④ 국내정치안정을 위한 정보활동 우선

02. 국가정보의 특성이 아닌 것은?
① 비밀성   ② 합목적성
③ 객관성   ④ 전방위성

03. 정보의 분석형태에 따른 분류 중 과거와 현재를 바탕으로 미래를 예측하는 정보는 무엇인가?
① 기본정보   ② 현용정보
③ 판단정보   ④ 안보정보

04. 부처별 테러사건대책본부의 내용 및 명칭으로 맞는 것은?
① 외교부장관: 국내테러사건대책본부
② 국방부장관(합참의장): 군사시설 테러사건 대책본부
③ 국토교통부장관: 해양테러사건대책본부
④ 국정원장: 국내 일반 테러사건 대책본부

05. 다음 중 방첩업무 수행을 하는 방첩기관이 아닌 것은?
① 정보사령부
② 해양경찰청
③ 경찰청
④ 국가정보원

06. 테러리즘 사상이 아닌 것은?
① 쇼비니즘
② 환경우선주의
③ 내셔럴리즘
④ 징고이즘

07. 정보배포 방법 가운데 해외공관에서 본국에 정보나 기타 물건을 전달하는 수단으로 활용되는 방법은?
① 외교행낭
② 보고서
③ 메일
④ 전화 구두 보고

08. 정보순환과정에 대한 설명 중 옳은 것은?
① 정보순환과정은 한 방향으로만 이루어진다.
② 정보는 정책을 집행하는 기능이 있다.
③ 정보순환과정 내부에는 여러 가지 다양한 소순환 과정이 있다.
④ 정보순환에는 환류나 피드백이 중요하지 않다.

09. 정보활동의 임시특별권(ad hocs)에 대하여 잘못된 설명은?

① 특별과제 발생 시 정보활동의 우선순위가 재조정 되는 현상이다
② 마크로웬탈은 이를 '특별권의 독재'로 표현하였다.
③ 다수 활용하면 정상적인 국가정보활동에 악영향을 끼친다.
④ 임시특별권은 국가정보수집활동에 긍정적 효과를 줄 수 있다.

10. 한국의 마약법과 관련하여 옳지 <u>않은</u> 것은?

① 마약류 관리법이 2000년에 통합 제정되어 적용되고 있다.
② 2000년 이전에는 마약류 관리법, 향정신성 의약품관리법이 별도로 제정되어 적용되었었다.
③ 병원에서 치료용으로 사용하는 마약관련 의약품은 마약류관리법의 적용에서 제외된다.
④ 마약류관리법에는 마약류, 향정신성의약품, 대마, 마약원료물질 등이 포함된다.

11. 다음 중 군사 1급비밀 지정권자가 <u>아닌</u> 것은?

① 국방부장관, 방위사업청장, 합참의장
② 국방부 직할부대 및 기관의 장
③ 국방정보본부장, 국군방첩사령관, 국군정보사령관
④ 육군 지상작전사령관, 공군참모총장

12. 다음 사례에서 정보분석관이 범하는 오류의 위험성 가운데 무엇을 말하는 것인가?

국정원 모 분석관은 남-북정상의 만남으로 북한의 비핵화에 기대감이 상승하는 가운데 김정은이 과연 핵을 폐기할 것인지에 대하여 분석을 하면서, 남북정상 공동선언문에는 정작 북한이 완전 핵폐기를 한다..는 문구가 없기에 혼란스럽다. '한반도의 비핵화'라는 불명확한 선언문외에 구체적인 첩보가 없는 상황에서 보고서를 작성을 해야하겠기에 쟁점의 중요성과 상관없이 다른 보고서와 각종자료를 종합하여 명확하지 않고 무의미한 내용을 담아서 보고서를 작성할 수 밖에 없었다.

① layering
② clientism
③ mirror image
④ Footnot Wars

13. 다음 마약문제를 정보기관이 다루는 내용과 다른 것은?
① 오늘날 마약은 해외에서 비밀리에 국내로 반입되는 것이 대부분이다.
② 해외비밀루트를 파악하고 유입차단을 위해서 해외정보가 필수적이다.
③ 마약거래로 형성하는 막대한 자금은 국제테러조직 등 범죄조직에 유용한 자금원이 되고 있다.
④ 우리나라 국가정보원의 경우 마약범죄조직을 확인하고 즉각 구속할 수 있다.

14. 다음 테러조직 중 국가를 참칭하며 가장 극렬하게 무자비한 테러를 주도했던 테러단체는?
① 알카에다
② IS
③ 탈레반
④ 보코하람

15. 다음과 관련된 국제범죄 조직은 무엇인가?

> 1970년대 만들어진 국제 핵무기밀거래 조직으로, 핵기술을 주변국에 전파하려는 의도로 핵기술 전파에 주력하였다. 북한의 핵무기 개발 및 탄도미사일개발에도 많은 영향을 주었다. CIA와 SIS에 의해 2003년 리비아로 향하는 독일국적의 BBC China 호에서 핵관련 부품을 압수하여 전모를 밝혀냈다.

① 하마스　　　　　　　　② 헤즈볼라
③ 칸네트워크　　　　　　④ 마피아

16. 다음 행정영역별 분류시 다른 하나는?

① DRM　　　　　　　　② AMan
③ KDIC　　　　　　　　④ BFV

17. 탈린 매뉴얼 대한 설명으로 잘못된 것은?

① CIA의 해외정보수집 프로그램이다.
② 사이버전쟁에서 적용되는 국제법을 담은 지침서이다.
③ 2007년 사이버전을 논의하는 사이버방호협력센터가 개설되었다.
④ 사이버 95개조항 매뉴얼을 완성하여 국가간 구속력을 갖기위해 노력하고 있는 중이다.

18. 국가정보원의 정보통제를 위한 조치들이 아닌 것은?

① 감사원 감사
② 국회 정보위원회 예산심사
③ 국회 정보위원회의 국정원장 인사청문회
④ 국회 국가정보원법 개정

19. 정보기구가 임무를 계속해서 넓혀 법적 근거가 없는 활동까지 하려고 하는 현상은 무엇인가?

① 미션 익스팬션(mission expansion)
② 미션 크립(mission creep)
③ 미션 임파서블(mission impossible)
④ 미션 패키지(mission package)

20. 비밀의 표시에 대하여 잘못된 내용은?

① 비밀문서, 인화한 사진은 각 표면의 위·아래 중앙 및 뒷면 중앙에 적절한 크기의 비밀등급을 표시한다.
② 지도, 항공사진 등은 각 면의 위·아래 중앙에 적절한 크기의 비밀등급을 표시한다.
③ 상황판은 비밀등급을 표시하고 비밀표시를 한 가림막을 설치해야한다.
④ 비밀을 녹음할때는 그대로 녹음하여 비밀표시가 된 봉투나 이에 준하는 용기에 넣어 보관한다.

21. 마약유통의 증가 이유가 <u>아닌</u> 것은?

① 국제우편, 여행자, 소포 등으로 운반방법의 다양화
② 국제금융의 발전으로 송금과 돈세탁이 용이
③ 여행의 자유화로 마약 유통 용이
④ 반정부단체나 범죄조직이 자금원으로 불법마약재배 및 공급

22. 다음 중 2020년 한국에 도입된 장비는 무엇인가?

① 글로벌 호크(RQ-4)   ② 프레데터(RQ-1)
③ 스카우트(SCOUT)   ④ 헤론(Heron)

23. 다음 현재 세계적인 마약재배국가 및 지역이 <u>아닌</u> 것은?
① 태국 치앙마이　　　　　② 콜롬비아
③ 볼리비아　　　　　　　④ 아프가니스탄

24. 다음 법령 중 잘못 연결된 것은?
① 간첩행위-형법 제98조
② 군사기밀탐지 및 수집-군사기밀보호법 제 11조
③ 국가안보위한 통신제한조치-통신기밀보호법 제7조
④ 반국가단체 구성-국가보안법 제1조

25. 북한 정보기관 중 군내 사찰 및 방첩기관은?
① 인민보안성　　　　　② 보위사령부
③ 국가보위성　　　　　④ 정찰총국

06회 모의고사 문제

정답 및 해설 204p

01. 다음 중 정보학자가 <u>아닌</u> 사람은?
① 셔먼켄트(Sherman Kent)
② 제프리 리첼슨(Jeffeery T. Richelson)
③ 아브람 슐스키(Abram N. Shulsky)
④ 엘빈 토플러(Alvin Toffler)

02. 다음 중 성격이 다른 것은?
① 인간정보　　　　　② 영상정보
③ 기술정보　　　　　④ 신호정보

03. 정보조직의 오류 형태에 포함되지 <u>않는</u> 것은?
① 부처이기주의　　　② 정보분석의 정치화
③ 정보기관간 정보왜곡　④ Swam Ball

04. 다음 중 국가이익의 종류가 <u>아닌</u> 것은?
① 특정적 이익　　　　② 핵심적 이익
③ 사활적 이익　　　　④ 중요한 이익

05. 다음 중 성격이 다른 것은?
① 베이지안기법　　② 핵심판단기법
③ 인과고리　　　　④ 브레인 스토밍

06. 다음 중 비밀수발 기술이 <u>아닌</u> 것은?
① Brush Pass　　② Pearl Harbor
③ Letter Box　　④ Devoke

07. 다음 보고서중에서 성격이 다른 하나는?
① 대통령 일일브리핑　　② 국가 일일정보
③ 고위정책 정보요약　　④ 특별 정보보고

08. 다음 흑색요원에 대한 설명으로 옳지 <u>않은</u> 것은?
① 비밀공작 실패시 신변보장에 문제가 될 수 있다.
② 외교관의 면책특권이 없다.
③ 경우에 따라서 생명의 위협도 각오해야 한다.
④ 최소한 외교적인 보호는 받을 수 있다.

09. 방첩수사와 일반수사의 차이점이 <u>아닌</u> 것은?

① 방첩수사는 단순히 간첩을 체포하는 것이 아니라 그 이상의 목표, 즉 국가안보의 위협을 야기하는 요소를 차단, 전체 무력화에 중점을 둔다.
② 일반범죄수사나 방첩수사나 모두 범죄행위에 대한 첩보를 수집하는 것으로 제한한다.
③ 일반범죄수사는 단순한 의심이상의 명백한 증거를 찾으려 하지만, 방첩수사는 명백한 자료뿐만 아니라 소문, 잡담, 의견, 징후 등 다양한 첩보를 통해 정황을 밝혀내어 혐의입증을 위해 축적 관리한다.
④ 일반범죄는 범법행위가 드러난 이후에 필요한 조치를 취하나, 방첩은 범죄행위가 시행되기 전에 감시를 통해 예방하거나 차단해야 한다.

10. 다음 중 성격이 다른 것은?

① 코인텔프로(COINTELPRO)
② 탈론(TALON)
③ CIFA(Counter intelligence Field Activity)
④ GCHQ

11. 테러와 관련된 법률이 <u>아닌</u> 것은?

① 항공기 납치규제법
② 종합테러방지법
③ 정보수권법
④ 애국법

12. 다음 사이버와 대응체계 중 다른 하나는?

① 사이버 범죄 - 국가수사본부
② 사이버 테러 - 국가정보원
③ 사이버전 - 군 사이버작전사령부
④ 사이버정보전 - 군 정보기관

13. 다음 중 마약을 합법화 한 국가가 <u>아닌</u> 나라는?
① 네덜란드　　　　　② 우루과이
③ 미국　　　　　　　④ 러시아

14. 다음 중 성격이 다른 하나는?
① 제니트　　　　　　② FSW
③ 헬리오스　　　　　④ 프레데터

15. 미국 DNI의 권한이 <u>아닌</u> 것은?
① 국가정보에 대한 총괄 접근권
② 17개 정보공동체 기관장 임면권
③ 정보공동체 업무 조정·감독권
④ 정보기구 예산분배권

16. 미국 DNI의 역할에 대해 잘못된 설명은?
① DNI는 미국 정보공동체의 수장으로 대통령이 임명하며 국가정보프로그램 집행의 지도, 감독을 담당한다.
② DNI는 17개 정보공동체의 기관장외에 주요직에 대한 인사권도 행사한다.
③ DNI는 국가안보와 관련된 정보수집, 분석, 생산 등의 우선결정권을 보유하고 관련정보를 대통령에게 보고하며 각부처의 장관, 합참의장 등에 전파한다.
④ 대통령에게 모든 정보를 종합, 보고한다.

17. 미국 DIA의 기능에 대한 설명 중 다른 것은?
   ① 국방무관부(DAS)에서 무관운용 및 파견
   ② 국방비밀작전국에서 예하기관들의 HUMINT 조정통제
   ③ 육군정보보안사령부(INSCOM)를 직접 지휘 운용
   ④ 국방보안국(DSS)에서 인원보안과 방위산업보안 업무 수행

18. 영국 JIC(합동정보위원회)에 대한 설명으로 다른 것은?
   ① 내각부 소속으로 안보, 국방, 외교문제에 대한 자문제공 및 정보기구를 총괄하여 조정 및 통제하는 최고회의체기구이다.
   ② JIC에는 SS, SIS, GCHQ, DI 수장, 국방참모차장, 국방부, 외교부 등 정부 각부처 대표가 참석한다.
   ③ 국가정보목표 우선순위를 결정하고, 국가정보판단서를 작성하며 정보조정자 역할을 수행한다.
   ④ 내각정보안보조정관과 상호 견제적 업무를 수행한다.

19. 현재 수행중인 국가정보원의 임무가 아닌 것은?
   ① 대테러, 전복, 방첩, 국제범죄 등 수사
   ② 국외정보 및 북한정보 수집 및 작성, 배포
   ③ 국가기밀에 속하는 보안업무
   ④ 형법중 내란죄, 외환죄, 반란죄, 암호부정사용죄, 군사기밀보호법 규정된 죄 정보수집

20. 다음 중 이스라엘의 비밀공작활동과 거리가 먼 것은?

① 1973년 욤키푸르전쟁 예측 실패
② 검은 구월단 지도자 암살
③ 미국으로부터 핵무기용 고농축 우라늄 획득
④ 아돌프 아이히만 납치

21. 방첩사령부 임무가 아닌 것은?

① 군 보안업무
② 군 방첩업무
③ 군(쿠데타)관련 정보 수집, 작성
④ 군내 모든 범죄행위 수사

22. 우리나라 정보위원회의 정보통제 중 다른 것은?

① 국회법 제 37조에 의거하여 1994년 6월 28일 신설되었다.
② 정보위원회는 12명으로 구성되며 교섭단체 정당만 참여 기회를 부여하였다.
③ 국가정보원의 정보예산을 심사하되 비공개로 하며, 정보위원회는 예산내역을 공개하거나 누설해서는 안된다.
④ 국가정보원장은 국가기밀에 속하는 사항에 대한 자료나 답변은 비공개회의를 하기 때문에 모두 공개한다.

23. 다음 중 산업정보활동과 관련된 것이 아닌 것은?
   ① 국정원 산업기밀보호센터
   ② 국가수사본부 수사국(경제범죄수사과)
   ③ 산업연구원
   ④ 한국산업기술보호협회(KAIT)

24. 다음 산업정보활동 법령이 아닌 것은?
   ① 산업기술 보호법
   ② 방위산업기술 보호법
   ③ 군형법
   ④ 대외무역법

25. 다음 중 각국의 방첩관련 징벌이 다른 것은?
   ① 미국 간첩죄 - 사형, 종신형
   ② 독일 간첩죄 - 종신형, 또는 1년이상 징역형
   ③ 영국 공무상 비밀누설죄 - 10년이하 징역형
   ④ 한국 간첩죄 - 사형, 무기, 7년이상 징역형

07회 모의고사 문제

01. 다음 대안분석에 대한 설명 중에 다른 것은?
① 양적 및 질적분석 기법의 대안으로 충분한 검토와 토론을 통해서 명확한 결론을 도출하기 위해서 도입하였다.
② 부정확한 첩보, 불충분한 자료, 분석관의 오류 등으로 정보실패가 발생하는 것을 최소화하기 위해 도입하였다.
③ CIA가 인도 핵실험을 정확하게 예측하지 못한 정보실패로 1999년 대안분석기법을 본격 도입하였다.
④ 이 대안분석은 9.11테러이후에 별 효과가 없다고 평가하여 유명무실해졌다.

02. 다음 북한의 도발을 시기별로 바르게 나열한 것은?

a. 다대포 무장간첩 침투	b. 강릉 잠수함 침투
c. 연평도 포격	d. 2차 서해교전

① a - b - c - d
② a - d - b - c
③ a - b - d - c
④ a - c - d - b

03. 국가보안법 제7조에서 국가의 존립 및 안전이나 자유민주적 기본질서를 위태롭게 한다는 점을 알면서 반국가단체나 그 지령을 받은자의 활동을 찬양, 고무, 선전 또는 동조하거나 국가변란을 선전, 선동한 자는 몇 년 이하의 징역형을 받게 되는가?
① 3년 이하
② 5년 이하
③ 7년 이하
④ 10년 이하

04. 북한 보위사령부의 임무가 아닌 것은?
① 군사범죄
② 일반주민 간첩 및 반당 반체제자 색출
③ 해외 무관요원 및 파견군인 감시
④ 군대안의 주민등록 사업

05. 정보의 분류중 요소 및 부문으로 분류한 정보가 아닌 것은?
① 정치정보　　　　② 경제정보
③ 군사정보　　　　④ 정책정보

06. 정보분석에서 대안분석의 하나로 장차 발생할수 있는 다양한 예측을 구상하여 의문점을 도출하고 피해를 최소화하는 방책을 마련함으로써 미리 대비하는데 유용한 기법은 무엇인가?
① A팀, B팀 분석　　　　② 악마의 대변인
③ 시나리오 전개기법　　　　④ 붉은 세포역할

07. 다음 정보보고서의 예를 설명한 것 중 다른 것은?
① 판단정보: 국가정보판단서, 정보분석보고서
② 현용정보: 일일브리핑, 일일동향, 주요동향
③ 현용정보: 정보분석보고서, 주요동향평가서
④ 기본정보: 군사장비, 인구, 군사력현황

08. 다음 중 비밀공작의 목적이 아닌 것은?
① 비밀공작은 전시에 적국의 전략 및 전술에 영향력을 행사하기 위해 수행된다.
② 비밀공작은 대상국의 정책변경이나 정책 전환을 유도한다.
③ 비밀공작은 국익을 위해서 외교수행이전이라도 신속하게 시행한다.
④ 비밀공작은 대상국의 정책결정과정에 영향력을 행사하기 위한 것이다.

09. 다음 중 비밀의 파기와 관련이 없는 것은 무엇인가?
① 비밀의 파기란 비밀을 소각, 용해 또는 기타 방법으로 완전히 소멸시키는 것을 말한다.
② 국가기관은 보호기간이 경과된 비밀원본은 파기하여 전문 관리기관에 통보해야 한다.
③ 비밀관리기록부의 파기 확인란에는 참여자의 파기확인을 받아야 한다.
④ 비밀은 세절하여 완전하게 소각하는 방법이 가장 효과적이고 완전하다.

10. 미국의 정보기구 중 행정영역별 분류의 성격과 다른 기관은?
① 중앙정보부 (CIA)
② 국방정보국 (DIA)
③ 국가정찰국 (NRO)
④ 국가안보국 (NSA)

11. 북한의 정보기구 중 한국군에 대한 군사첩보 수집, 무장간첩 남파, 테러 등을 주요 임무로 하는 곳은 어디인가?
① 인민보안성
② 보위사령부
③ 정찰총국
④ 국가보위성

12. 산업보안과 관련된 기관이 <u>아닌</u> 것은?

① 방첩사령부　　　　　　　② 방위사업청
③ 국가수사본부　　　　　　④ 중소기업 기술정보진흥원

13. 다음 국제범죄의 폐해가 <u>아닌</u> 것은?

① 기업 인수합병　　　　　　② 국가사회의 안정저해
③ 자유시장 좌절　　　　　　④ 국가자산 유출

14. 북한의 정찰국(현 정찰총국)이 일으킨 대남테러사건이 <u>아닌</u> 것은?

① 청와대 기습(1968년)
② 강릉 잠수함 무장공비 25명 침투(1996년)
③ 아웅산묘소 폭파(1983년)
④ 이한영 피살(1997년)

15. 한국의 테러대책과 관련된 내용 중 다른 것은?

① 국가테러대책위원장은 국무총리이다.
② 대테러인권 보호관은 대테러센터장이 임명하며 임기는 2년이다.
③ 국무총리가 대테러센터장을 임명한다.
④ 테러정보통합센터장은 국가정보원장이 임명한다.

16. 다음 설명하는 사이버 공격기술은 무엇인가?

> • 컴퓨터 시스템을 감염시켜서 접근을 제한하고 사용자의 파일을 담보로 돈을 요구한다.
> • 돈을 지불해도 복구의 보장이 없으며, 서버까지 감염시키는 치명적인 악성프로그램이다.

① 스파이웨어　　　　　　　② 랜섬웨어
③ 트로이목마　　　　　　　④ 워너크라이

17. 다음 우리나라가 보유한 정보수집 수단이 아닌 것은?

① 글로벌 호크(RQ-4)　　　② RC-800G
③ Falcon 2000　　　　　　④ RC-135S

18. 우리나라의 사이버전 대응체계에 대한 설명으로 잘못된 것은?

① 국가정보원장 소속하에 '국가사이버안보센터'를 설립하여 업무를 수행하고 있다.
② 중앙행정기관의 장은 사이버공격으로 인한 사고가 발생할 경우에는 피해를 최소화하는 조치를 취하고 그 사실을 국가정보원장에게 통보해야 한다.
③ 국군사이버작전사령부를 국방부 소속으로 변경하여 국방장관 통제하에 국방사이버전의 기획, 시행에 관한 사항을 관장하고 있다.
④ 군에 대한 사이버보안업무는 국군방첩사령부가 담당하고 있다.

19. 의회의 국가정보의 통제 수단중에서 가장 강력한 통제방법은 무엇인가?

① 입법권　　　　　　　　　② 예산편성권
③ 국정감사 및 국정조사　　　④ 정보기관장 인사청문회

20. 증거나 내용의 조작, 왜곡, 허위를 통해 적으로 하여금 오인하도록 하기 위해 고안된 수단은 무엇인가?

① 공작 ② 감시
③ 미행 ④ 기만

21. 비밀의 생산시 유의해야할 사항이 <u>아닌</u> 것은?

① 사전계획에 의하여 생산해야 한다.
② 현재 필요한 최소한의 양만 생산해야 한다.
③ 비밀을 생산할 때에는 비밀관리기록부에 기록해야 하지만 접수할 때에는 생략해도 된다.
④ 비밀생산시 사본은 배포처에 따라 부수를 결정하고 사본번호를 작성해야 한다.

22. 다음 비밀공작에서 폭력성이 가장 낮은 비밀공작은?

① 선전공작 ② 전복공작
③ 정치공작 ④ 경제공작

23. 다음 정보의 순환과정에서 특별과제 발생시에 정보기관의 정보활동 우선순위가 재조정되는 현상으로 '특별권의 독재'라고 불리는 것은 무엇인가?

① 선취권 잠식 ② 정보수집 우선권
③ 임시특별권(Ad hocs) ④ OIR

24. 과거 소련의 정보원 포섭방법 기준에 해당되지만, 대부분 국가에서도 적용하는 요소중에 다른 것은?
① M
② I
③ E
④ K

25. 다음 중 군 정보기관이 <u>아닌</u> 것은?
① DI
② DIA
③ DRM
④ GCHQ

08회 모의고사 문제

정답 및 해설 213p

01. 손자병법 용간편에서 인간정보를 5가지로 구분하였는데, 다음 중 내간에 해당하는 내용은 무엇인가?

① 적지의 현지민간인을 써서 스파이 역할을 맡게 한다.
② 적국관리를 매수하여 간첩으로 고용한다.
③ 아군정보원을 적지에 보내어 정보를 수집, 보고하게 한다.
④ 적국첩보원을 포섭하여 이중간첩으로 활용한다.

02. 산업기술보호법에서 산업기술의 국내유출에 대한 처벌에 대하여 바른 것은?

① 3년이상 징역, 15억원이하 벌금
② 15년이하 징역, 15억원이하 벌금
③ 10년이하 징역, 10억이하 벌금
④ 7년이하 징역, 7억원이하 벌금

03. 국가정보학의 기능으로 올바르지 못한 것은?

① 국가정보학은 정보활동에 대한 정보의 정치화를 차단하고 국익에 부합할 수 있도록 합리적인 비판과 대안을 제시해준다.
② 국가정보학은 국가정보활동의 법적근거와 바람직한 방향을 제시해준다.
③ 국가정보학은 연구대상인 국가의 정보활동을 이론적으로 체계화 시키고 학문적 지식을 구축시킨다.
④ 국가정보학은 국가정보활동에 대한 신속성과 정확성을 제고시켜 준다.

04. 국가정보학의 연구방법 중 구조적 접근에 대한 설명으로 다른 것은 무엇인가?
   ① 조직적 접근이라고도 하며 국가정보기구에 대하여 연구하는 방법이다.
   ② 정보기관의 구조적인 조직에 관한 연구를 하는 방법이다.
   ③ 구조적연구를 통해서 기능별 능력을 파악하고 정보활동의 규모와 방향을 평가할 수 있는 방법이다.
   ④ 국가정보활동의 체계적인 정보 순환과정에 관한 연구방법이다.

05. 첩보에 대한 설명으로 알맞은 것은 무엇인가?
   ① 목적성을 가지고 의도적으로 수집한 자료를 말한다.
   ② 첩보의 주요 예는 분석보고서, 판단보고서 등이다.
   ③ 특정 목적을 달성하기 위해 수집, 평가, 분석한 후 그 타당성을 검증한 것을 말한다.
   ④ 정보활동 과정에 따른 최종 산출물을 말한다.

06. 각국의 정보기관을 조정 및 통제하는 기구 중 틀린 것은?
   ① 미국 - NIC
   ② 이스라엘 - NSC
   ③ 독일 - 국가정보위원회
   ④ 프랑스 - CNR

07. 정보관과 계약관계에 있으면서 출처에 접근하여 수집활동을 전개하는 인간정보 수집 주체에 해당되지 않는 것은?
   ① 협조자
   ② 첩보원
   ③ 스파이
   ④ Agent

08. 비공직가장의 단점이 아닌 것은?

① 다양하고 중요하고 예민한 핵심 인물과 직접 접촉하거나 고급정보 수집이 어렵다.
② 수집한 첩보를 안전하게 본국에 전달하는데 다소 어렵다.
③ 자체적으로 회사를 설립하기 위해서 많은 시간과 비용이 소요된다.
④ 체포되었을 경우, 형사처벌 등의 위험에 처할 수도 있다.

09. 문제분석을 위해 참여인원이 각자의견을 비판없이 개진하여 최적의 아이디어를 찾아내는 기법으로, 여러사람의 분석내용을 종합하여 최적의 결과를 도출하는 강점이 있는 이 기법은 무엇인가?

① 핵심판단 기법　　　　　　　　② 경쟁가설 기법
③ 역할연기 기법　　　　　　　　④ 브레인스토밍

10. 정치공작의 방식 중에 대상 국가의 정치 세력 판도에 영향을 미치고, 또한 대상 국가의 특정 정책이 자국에 유리하게 결정되도록 영향을 미치는데 목적이 있으며 삐에르 샤를 빠스 사건이 대표적 사례인 정치공작은 무엇인가?

① 영향공작　　　　　　　　　　② 기만공작
③ 선전공작　　　　　　　　　　④ 경제공작

11. 방첩을 적대국 정보기관의 자국에 대한 정보활동을 방어하는 제반 활동으로 스파이 대 스파이 활동이라고 정의한 정보학자는 누구인가?

① 펠릭스(Felix)　　　　　　　　② 셔면 켄트(Sherman Kent)
③ 마이클 허만(Michael Herman)　④ 슐스키(Shulsky)

12. 다음 중 한국의 방첩 및 보안기관이 아닌 것은?
    ① 관세청　　　　　　　　　　② 법무부
    ③ 해양경찰청　　　　　　　　④ 국세청

13. 다음 1급 비밀취급인가권자가 아닌 것은?
    ① 국가인권위원회 위원장　　　② 공정거래위원회 위원장
    ③ 대통령 경호처장　　　　　　④ 병무청장

14. 사이버공격의 유형가운데 사이버테러에 대한 설명으로 옳지 않은 것은 무엇인가?
    ① 컴퓨터통신 등을 악용하여 사이버공간에서 행해지는 각종범죄를 말한다.
    ② 정보통신망에 불법적으로 접근하여 정보시스템에 유해한 영향을 끼쳐서 국가적 및 사회적으로 불안감을 조성하는 행위를 말한다.
    ③ 컴퓨터에 관한 반사회적 행위로 데이터의 부정조작, 컴퓨터의 파괴, 중대한 장애 등을 유발하는 등의 형태가 있다.
    ④ 행정, 국방, 통신 등 국가중요시설의 시스템을 파괴하여 국가기능을 마비시키는 행위를 말한다.

15. 다음 북한의 최고사령관 직속 기관(부대)가 아닌 것은?
    ① 정찰총국　　　　　　　　　② 총참모부
    ③ 국가안전보위성　　　　　　④ 보위사령부

16. 국가정보기관이 산업정보활동간 가장 우선적으로 수집해야 하는 수집 중점 중 다른 것은?
    ① 민간기업에 필요한 핵심기술
    ② 정부의 경제정책 및 대외협상에 필요한 정보
    ③ 국책개발 사업과 군수산업에 필요한 과학기술정보
    ④ 순수공공재 수집

17. 다음 중 4대 국제수출통제체제에 해당되지 <u>않는</u> 것은?
    ① 바세나르체제
    ② 방위산업통제체제
    ③ 핵공급그룹
    ④ 오스트레일리아그룹

18. 다음 미국 행정부의 정보통제를 위한 기구가 <u>아닌</u> 것은?
    ① 국가안전보장회의
    ② 정보감독위원회
    ③ 이노우에해밀턴위원회
    ④ 록펠러위원회

19. 북한의 평시에 사이버테러를 담당하는 기관, 혹은 부서가 <u>아닌</u> 것은?
    ① 지휘자동화국
    ② 정찰총국
    ③ 110호 연구소
    ④ 전자정찰국

20. 한국의 마약법령에 대한 설명 중에서 다른 것은?
   ① 마약법·향정신성의약품관리법·대마관리법으로 구분하여 시행하던 마약류 관계 법률을 '마약류관리에 관한 법률'로 2000년에 통합 제정하였다.
   ② 대한민국 국민은 마약류관리법 위반에 해당하는 행위를 마약이 합법인 국가에서 하더라도 속인주의에 의하여 대한민국에서 처벌 받는다.
   ③ 반대로 대한민국에서 마약류관리법 위반에 해당하는 행위를 하고 마약이 합법인 국가로 도피하더라도 범죄인 인도조약에 의해 대한민국으로 송환되어 처벌 받는다.
   ④ 마약류의 종류에는 마약과 향전신성의약품만 포함되고 대마는 포함되지 않는다.

21. 1961년 피그스만 침공 사건이 이 공작의 대표적인 실패 사례로 가장 폭력적이며 위험한 공작에 해당하는 비밀공작은 무엇인가?
   ① 경제공작　　　　　　　　② 준군사공작
   ③ 암살공작　　　　　　　　④ 전복공작

22. 다음 중에서 현용정보보고서에 포함되지 않는 것은?
   ① 대통령일일브리핑　　　　② 고위정책 정보요약
   ③ 정보메모　　　　　　　　④ 국방테러정보요약

23. 다음 중 정보사령부가 보유한 정보수집 기능이 아닌 것은?
   ① 징후계측정보　　　　　　② 원격측정정보
   ③ 대정보　　　　　　　　　④ 공개정보

24. 다음 정보기관 중에서 법 집행기능을 가진 국내정보기관이 아닌 것은??
① FSB
② DGSI
③ 신베트
④ PSIA

25. 반국가단체를 구성하거나 반국가단체에 가입한 자 또는 그 구성원으로부터 지령을 받은 자의 일정한 범죄행위를 알면서도 그 사실을 정보기관에 신고하지 아니하는 행위는 무슨 죄인가?
① 편의제공죄
② 금품수수죄
③ 불고지죄
④ 반국가단체 구성죄

09회 모의고사 문제

01. 국가정보활동의 필요성이 <u>아닌</u> 것은?
① 현재 및 미래의 위협에 대비하여 국가안전보장을 위해 필요하다
② 국가정책을 결정하는데 합리적 선택을 하도록 지원하는데 있다.
③ 전략무기정보, 산업정보, 식량 및 자원정보 등 국가경쟁력을 확보하는데 긴요하다.
④ 국가정보활동 자체가 국가를 위하는 것이기에 무조건 활동해야 한다.

02. 셔면켄트교수가 분류한 시계열에 따른 정보의 분류가 <u>아닌</u> 것은?
① 기본정보는 과거의 정보로 변화하지 않는 기초적인 내용이다.
② 현용정보는 현재의 정보로 통태적으로 변화하는 사실에 대한 정보이다.
③ 판단정보는 미래의 정보로 과거와 현재를 바탕으로 분석하며 미래를 예측하는 정보이다.
④ 현용정보는 세계각지역의 변화하는 현상정보로도 볼 수 있으며, 국제정세판단, 주요 전략정보요약 등이 여기에 해당한다.

03. 다음 첩보기본요소(EEI)에 대한 설명으로 다른 것은?
① 국가정보목표(PNIO)에 근거하여 해당기관의 첩보수집활동을 위해서 수립하는 세부적 지침이다.
② EEI는 PNIO를 작성하는 정보기관에서는 작성하지 않는다.
③ EEI는 해당 각정보기관들이 자체 수집능력과 수집자산, 환경여건 등을 고려하여 세부적으로 작성하는 수집 지침이다.
④ EEI는 수집내용, 수집할 부서, 수집기한 등이 포함된다.

04. 정보의 실패에 대하여 설명한 내용 중에서 틀린 내용은?

① 정보기관이 국가안보나 국가이익에 결과적으로 손해를 끼치는 상황을 정보실패라고 한다.
② 여러가지 과정상 오류로 인하여 정보가 사용자에게 전달되지 않거나 전달되어도 활용하지 못하는 상황을 의미한다.
③ 정보실패의 유형은 정보분석관오류, 정보조직오류, 정보배포상의 오류가 있다.
④ 정보실패원인은 내적요인과 외적요인의 관점에서도 분류한다.

05. 해외에서 활동하는 정보관들이 본부로부터 지원을 받을 수 있는 구실을 마련하는 것을 무엇이라고 하는가?

① 가장(Cover)
② 변장(Disguise)
③ 위장(Camouflage)
④ 침투(Penetration)

06. 각국의 정보기관을 조정 및 통제하는 기구 중 틀린 것은?

① 한국 - 국가정보원
② 중국 - 정법위원회
③ 영국 - JIC
④ 일본 - 내각정보회의

07. 정보기구를 행정 영역별로 분류하는 경우에 성격이 다른 것은?

① 일본 - DIH
② 이스라엘 - 아만(Aman)
③ 한국 - KDIC
④ 미국 - FBI

08. 다음 중 정보왜곡 및 정보정치화의 대표적인 실패사례로 논의되는 사례는?
① 2001년 9.11 테러
② 인도와 파키스탄의 핵실험
③ 1962년 중국의 인도 침공
④ 2003년 이라크 내의 대량살상무기 존재

09. 국가정보원법 상의 국가정보원의 임무가 아닌 것은?
① 국가정보의 수집, 작성 및 배포
② 국가보안업무
③ 모든 공안범죄에 대한 독자적수사
④ 국가정보 및 보안업무 기획, 조정

10. 다음 중에서 능동적 방첩의 종류가 아닌 것은?
① 방첩 정보수집활동
② 방첩 방어활동
③ 방첩 정보분석
④ 방첩 선전공작활동

11. 다음 용어와 관련 있는 것은 무엇인가?

코스모스, 젠빙, 헬리오스, 오펙

① 무인정찰기
② 고고도 정찰기
③ 군사정찰위성
④ 민간 상업위성

12. 다음 마약류에 포함되지 않는 것은?
① 카페인
② 향정신성의약품
③ 대마초
④ 마약

13. 사이버 테러와 사이버 전쟁의 차이점을 가장 잘 설명한 내용은?

① 사이버 전쟁에서는 사이버 보안활동이 매우 중요하지만 사이버 테러에서는 그러하지 않다.
② 사이버 테러는 특정한 목적을 가지고 개인 및 테러집단이 각종 정보기반시설을 오작동 및 파괴하는 행위이고, 사이버 전쟁은 국가 및 군이 주도하여 상대국의 제반 군사시스템 및 국가시스템을 전면적으로 파괴하는 행위이다.
③ 사이버 테러는 사이버 선전을 병행하지만 사이버 전쟁은 사이버 심리공작을 전개하지는 않는다.
④ 사이버테러나 사이버전쟁은 유사하기에 구분하는 것은 의미가 없다.

14. 다음 설명이 말하고 있는 공격 기술은 무엇인가?

> • 컴퓨터 시스템에 잠입하여 중요한 개인정보를 빼가는 소프트웨어로 스파이 + 소프트웨어의 합성이다.
> • 사용자수를 파악하는 마케팅 목적의 애드웨어가 변질되어 IP주소, 즐겨찾기, 개인 아이디 및 패스워드까지 알아낼 수 있어 악의적으로 사용하고 있다.

① 스니핑　　　　　　　　　　② 스푸핑
③ 랜섬웨어　　　　　　　　　④ 스파이웨어

15. 비밀공작을 위장부인의 정도와 폭력수준을 기준으로 비밀공작을 도식적으로 선전공작, 정치공작, 경제공작, 전복(쿠데타)공작, 준군사 공작으로 분류한 사람은 누구인가?

① 슐스키(Shulsky)　　　　　② 셔먼 켄트(Sherman Kent)
③ 트레버턴(Treverton)　　　　④ 로웬탈(Lowenthal)

16. 다음 중 대테러 부대가 <u>아닌</u> 것은?
① DHS
② GSG-9
③ GIGN
④ YAMAN

17. 국가정보원법 상의 국가정보원의 임무가 <u>아닌</u> 것은 무엇인가?
① 정보분석
② 비밀공작
③ 방첩정보수집
④ 정보수집

18. 다음 미국의 의회가 정보기관 통제를 위해 정보기관별 내부조직의 정보활동을 감시하고 부당한 활동을 의회에 보고토록 한 법은 무엇인가?
① 정보감독법(1980)
② 정보신원법(1982)
③ 감찰관법(1989)
④ 정보수권법(1991년)

19. 산업기술보호법중에서 국가핵심기술의 해외유출시 징벌에 대한 내용 중 맞는 것은?
① 3년이상 징역, 15억원이하 벌금
② 3년이하 징역, 15억원이하 벌금
③ 15년이하 징역, 15억원이하 벌금
④ 10년이하 징역, 10억원이하 벌금

20. 다음 중에 이란의 정보기구가 <u>아닌</u> 것은?
① 핵보안국
② VEVAK
③ VARASH
④ SAVAMA

21. 다음에 해당하는 것은 무슨 죄인가?

> 국토를 참절하거나 국헌을 문란할 목적으로 폭동을 일으키는 행위

① 군사반란죄　　　　　　　② 국헌문란죄
③ 내란죄　　　　　　　　　④ 외환죄

22. 다음 중에서 한국이 해양 및 기상관측, 해양환경 확인 및 감시, 우주기상 등을 관측하기 위해 2020년에 발사한 민간위성은?

① 천리안 복합위성 2B호　　② 아리랑 7호
③ 천리안 복합위성 2A호　　④ 아리랑 6호

23. 다음 중 산업정보와 관련이 없는 기관은?

① 방첩사령부　　　　　　　② 중소기업 기술정보진흥원
③ 한국산업기술 보호협회　　④ 방위사업청

24. 다음 중 우리나라의 중요 방위 산업체가 <u>아닌</u> 것은?
　① 한국항공우주산업 - T - 50훈련기
　② LG전자 - 무전기
　③ 한화 테크윈 - K-9 자주포
　④ 넥스원- 유도무기, 레이더장비

25. 작당하여 병기를 휴대하고 반란에 부화뇌동하거나 단순히 폭동에만 관여한 자의 징벌에 대하여 맞는 것은?
　① 7년이하의 징역이나 금고
　② 5년이하의 징역이나 금고
　③ 7년이상의 징역이나 금고
　④ 5년이상의 징역이나 금고

10회 모의고사 문제

01. 국가정보활동의 특성이 <u>아닌</u> 것은?
① 비밀성   ② 합목적성
③ 전방위성   ④ 합동성

02. 다음 중에 전술정보의 사례가 <u>아닌</u> 것은?
① 군사작전 계획   ② 전투서열정보
③ 국가주요인물정보   ④ 군부대 배치현황

03. 선취권 잠식에 대한 설명으로 다른 것은?
① 정보활동의 우선권이 있는 정책담당자에 의해서 정보우선순위가 결정되는 현상이다.
② 마크로웬탈은 이것을 특별권의 독재라고도 표현하였다.
③ 영향력을 행사하는 분석관에 의해서 수집우선순위가 결정되기도 한다.
④ 이러한 현상은 정보기관의 정상적인 정보활동 균형을 상실하게 한다.

04. 정보분석관의 오류중에서 고객과신주의로 표현하며, 인질범이 인질에 동화되는 현상을 표현한 것은?
① 스톡홀름 증후군   ② 리마 증후군
③ 파리증후군   ④ 런던증후군

05. 다음 중에 정보관과 첩보원의 관계를 다르게 설명한 것은?

① 정보관은 정식요원이고 첩보원은 고용된 관계이다.
② 첩보원은 수집된 첩보를 정보관에게 보고하며 그와 관련 발생된 모든 비용을 청구한다.
③ 정보관과 첩보원은 수평관계를 유지하며, 첩보원 상호간에 첩보공유를 통해 첩보수집의 극대화를 이룬다.
④ 정보관과 첩보원은 수직관계를 유지한다.

06. 북한의 정보기관에 대하여 잘못 설명한 것은?

① 최고사령관 - 정찰총국
② 최고사령관 - 보위사령부
③ 국무위원장 - 국가안전보위성
④ 국무위원장 - 문화교류국

07. 다음 정보기관 중 수집수단별 성격이 다른 하나는?

① DSA
② GCHQ
③ FAPSI
④ NGA

08. 세계 최초의 군사정찰위성은 무엇인가?

① 코로나호
② 스푸투니크호
③ 익스플로러호
④ 제니트호

09. 다음 중 미국의 징후계측정보 수집수단 중에서 위성 시스템이 아닌 것은?
① COBRA
② Vela시스템
③ ARIES시스템
④ MTI시스템

10. 다음 중에서 정보분석의 대상이 아닌 것은?
① 공개정보
② 비밀
③ 각종 선전
④ 미스터리

11. 다음 용어와 관련 있는 것은 무엇인가?

| 계층분석, 사례연구, 유추법, 위원회 토의 |

① 양적분석
② 질적분석
③ 대안분석
④ 분석모형

12. 비밀의 보호기간과 보존기간에 대한 설명으로 다른 것은?
① 비밀의 보호기간과 보존기간은 생산부서에서 정한다.
② 보호기간은 비밀로서의 가치가 있는 기간으로 예고문이라고도 한다.
③ 보호기간, 보존기간은 접수부서에서도 필요시에 정할 수 있다.
④ 보존기간은 비밀의 보호기간이 종료되었어도 일정기간 보관하는 것을 말한다.

13. 비밀공작의 특징 중에서 다른 것은?
① 국가정보기관의 고유활동 중의 한 요소이다.
② 비밀공작은 배후를 은폐하는 비밀활동의 하나이다.
③ 비밀공작은 원칙적으로 합법적인 활동을 고수해야 한다.
④ 비밀공작은 원칙적으로 외국을 대상으로 수행한다.

14. 다음 설명이 말하고 있는 공격 기술은 무엇인가?

> • 산업시설을 파괴하고 감시하는 악성 프로그램이다.
> • 원자력발전소와 송배전망, 화학공장 등 산업기반시설에 사용되는 제어시스템에 침투, 오작동을 유도하는 명령코드를 입력하여 시스템을 마비시킨다.

① 백도어　　　　　　　　　② 스턱스넷
③ 랜섬웨어　　　　　　　　④ 스미싱

15. 다음 중에서 국제범죄조직이 아닌 것은?

① 이탈리아 마피아　　　　② 멕시코 카르텔
③ 중국 삼합회　　　　　　④ 러시아 KKK단

16. 다음 중 수사기능을 가진 정보기관이 아닌 것은?

① FSB　　　　　　　　　　② DGSI
③ SIS　　　　　　　　　　 ④ Shin Beth

17. 국가정보원의 주요조직이 아닌 것은?

① 국가사이버안보센터　　　② 국가신고센터
③ 산업기밀보호센터　　　　④ 국제범죄정보센터

18. 다음 테러지원국을 지정하는 국가와 행정부처를 잘 설명한 것은?
   ① 미국 - 국무부
   ② 영국 - 외무부
   ③ UN - 안보리
   ④ 미국 - CIA

19. 국가핵심기술에 대한 설명 중 다른 것은?
   ① 국가핵심기술은 국가의 안전보장 및 국민경제의 발전에 중대한 악영향을 줄 우려가 있는 산업기술이다.
   ② 국가핵심기술은 2025년 현재 13개분야 76개 품목이다.
   ③ 국가핵심기술의 주관부서는 외교부장관이다.
   ④ 산업기술보호위원회(위원장: 산업통상자원부장관)에서 25인으로 구성하여 결정한다.

20. 다음 중 정보통제를 위한 미국 행정부의 위원회가 아닌 것은?
   ① 합동정보공동체위원회(JICC)
   ② 국가정보통제위원회(NICB)
   ③ 국가안전보장회의(NSC)
   ④ 정보감독위원회(IOB)

21. 다음 이스라엘 정보기관 중에 현존하지 않는 기관은?
   ① 라캄
   ② 모사드
   ③ 아만
   ④ 신베드

22. 한국이 도입한 무인정찰기인 글로벌호크(RQ-4)에 대한 설명 중 다른 것은?

① 2020년까지 4대를 도입하여 2021년부터 작전배치되어 임무수행중이다.
② 고고도정찰기로 고도 20km 상공에서 36시간을 체공하며 임무수행한다.
③ 북한전역을 감시가 가능하며 북한의 핵공격 등에 대비한 킬체인시스템으로 선제타격의 핵심전력이다.
④ 영상레이다(SAR)및 전자광학(EO)-적외선(IR) 감시장비와 전자정보(ELINT)수집장비를 탑재한다.

23. 북한의 사이버테러 기관 및 능력과 관련이 없는 내용은?

① 북한의 사이버테러전력은 7,700여명 수준이다.
② 평시의 테러기관은 정찰총국이다.
③ 평시사이버테러를 주도하는 121국은 31소, 32소, 56소를 통해 실시한다.
④ 정찰총국은 한국은 물론 전세계를 대상으로 사이버테러를 자행한다.

24. 다음 중 소속별 성격이 다른 기관은?

① SVR
② BND
③ SIS
④ CIRO

25. ODNI의 예하기관이 아닌 것은?

① JICC(합동정보공동체위원회)
② NIC(국가정보위원회)
③ NCTC(국가대테러센터)
④ NCSC(국가방첩보안센터)

11회 모의고사 문제

정답 및 해설 226p

01. 다음 중에 통합형 정보기관이 <u>아닌</u> 것은?
① VEVAK
② MSS
③ NIS
④ FSB

02. 다음 중에 정보법령에 해당하지 <u>않는</u> 것은?
① 군형법
② 통신비밀보호법
③ 대통령경호법
④ 형법

03. 다음 중 AMAN의 주요기능이 <u>아닌</u> 것은?
① 아만은 국방장관 직속기관이지만, 총리의 통제를 받는다.
② 군사정보기관이지만, 타 국가에 비하여 세계정치정보를 수집하는 등 활동영역이 넓다.
③ 아만은 인간정보만 수집하며, 인간정보 수집능력은 세계정상급이다.
④ 군정보기관이면서 국가정보판단서를 작성하며, 총리와 내각에 일일 정보보고를 보고한다.

04. 다음 중에 중국의 군사정보수집기관이 <u>아닌</u> 것은?
① 대외연락부
② 기술정찰부
③ 군사정보부
④ 전자전부

05. 음 정보법령과 연결된 것 중 다른 것은?
① 반국가단체 - 국가보안법
② 외교상의 비밀누설 - 외교안보법
③ 공무원의 기밀누설 - 형법
④ 군내간첩죄 - 군형법

06. 정보기구의 통제 필요성에 포함되지 않는 것은?
① 국가정보활동에 정당성을 부여하기 위함이다.
② 정보기구 활동에 대한 책임과 한계를 명확하게 하기 위해서이다.
③ 정보기구의 사회적인 책임을 위해 정보기구의 통제가 필요하다.
④ 정보기구의 존재 이유는 국민의 알권리를 충족하기 위해서 필요하다.

07. 다음 정보기관 중에 소속별 성격이 다른 하나는?
① NSA   ② GCHQ   ③ SVR   ④ NRO

08. 국제범죄의 특징에 대한 설명 중 다른 것은?
① 국제범죄는 정보기관의 국제공유로 수사를 강화하여 점차 활동에 제한을 받고 있다.
② 다양한 금융루트로 돈세탁이 용이하여 범죄조직 비자금 마련에도 매우 용이하다.
③ 과거 소형무기 거래에서 최근에는 중화기까지 무기거래를 확산시키고 있다.
④ 범죄조직간에 국제적인 연대를 강화하면서 그 세를 점차 강화해 나가고 있다.

09. 다음 중 미국의 산업정보 및 산업보안관련 내용 중에 다른 것은?

① 핵심기술을 다량보유한 미국에서는 타국가에 비해서 산업보안활동에 더 치중하고 있다.
② CIA는 산업정보를 직접 지원하기보다는 상무부 및 관련부처를 통하여 정보를 지원한다.
③ 산업정보 수집 활동은 CIA와 FBI가 같이 담당한다.
④ FBI는 미국내 첨단기술과 지적재산권 절취하려는 외국의 시도로부터 보호하기 위해 산업보안활동을 적극적으로 실시하고 있다.

10. 다음 중 산업정보에서 순수공공재에 의한 주요산업정보가 아닌 것은?

① 국제경제 동향
② 외환시장 및 주식시장 동향
③ 첨단기술 및 신기술 개발 동향
④ 글로벌 대기업들의 재무구조실태

11. 다음 용어와 관련 있는 것은 무엇인가?

> 랜섬웨어, 스파이웨어, DDoS, 스머핑, 스푸핑

① 소프트웨어 공격방법　　　　　② 하드웨어 공격방법
③ 악성프로그램　　　　　　　　④ 바이러스

12. 사이버경보관련 설명 중에 다른 것은?

① 국가정보원장은 사이버공격에 대한 체계적인 대응을 위해 피해규모를 고려하여 경보를 발령한다.
② 경보발령은 관심부터 심각까지 4개 단계로 구분한다.
③ 사이버경보발령등의 총괄적인 임무를 수행하는 곳은 국가사이버안보센터이다.
④ 정부행정기관 및 공공기관, 민간분야는 국정원장이, 국방분야는 국방장관이 경보를 발령한다.

13. 다음 중에 북한의 테러사건과 기관이 다른 것은?

① 당 225국 - 이한영 피살
② 당 35호실 - 최은희 납치사건
③ 군정찰국 - 청와대 기습
④ 당 35호실 - 아웅산묘소 폭파

14. 다음 설명이 말하고 있는 내용은 무엇인가?

> 테러용의자를 조사하기 위해서 자국에서 법에 의해 고문할 수 없다면 고문이 허용하는 국가로 인도하는 행위이다.

① 테러용의자 인도 ② 국제사면 인도
③ 변칙인도 ④ 고문인도

15. 다음 중에서 2025년 현재 테러지원국이 아닌 것은?

① 북한 ② 이란
③ 이라크 ④ 시리아

16. 다음 중 우리나라의 1급 대테러부대가 아닌 것은?

① 육군 707특수임무단 ② 육군 특수전여단 특임대
③ 해군 특수전단 특수임무대대 ④ 해양경찰특공대

17. 다음 중에 보호지역 및 민간인통제구역이 아닌 것은?

① 특수보안지역 ② 군사분계선
③ 민간인 출입통제구역 ④ 통제보호구역

18. 다음 중 보안측정대상에 포함되지 않는 곳은?
   ① 각종 전력시설
   ② 공항 및 항만 시설
   ③ 방위산업시설
   ④ 서울시청

19. 통신제한조치에 대한 설명 중에 다른 것은?
   ① 내국인일 때 고등법원 수석판사의 허가를 받아야 한다.
   ② 통신제한조치는 4개월을 초과하지 못한다.
   ③ 긴급통신제한조치시 48시간이내에 법원의 허가를 받지 못하면 즉시 중지해야 한다.
   ④ 긴급통신제한조치시에는 대통령의 승인을 얻어야 하며, 36시간내에 미승인시 즉시 긴급통신제한조치를 중지해야 한다.

20. 다음 중 기만정보의 주요 종류가 아닌 것은?
   ① 화폐개혁설 및 토지개혁설
   ② 주택가격 상승설
   ③ 세금 대폭 인상설
   ④ 공장폐쇄 및 노동자 감원설

21. 다음 정보보고서 생산원칙에 해당하지 않는 것은?
   ① 명확성
   ② 적시성
   ③ 적합성
   ④ 현실성

22. 다음 중에 공작원의 신분보호 방법에 해당되지 않는 것은?
   ① 신분증 위조
   ② 잠행
   ③ 성형수술
   ④ 신분노출시 자살

23. 다음 중에 대안분석 기법이 <u>아닌</u> 것은?
① 악마의 대변인　　　　　　　② 핵심전제조건 점검
③ 돌발상황을 가정한 분석　　　④ 위원회 토의기법

24. 다음 중에 KGB의 포섭방법에 포함되지 <u>않는</u> 것은?
① M　　　② I　　　③ E　　　④ A

25. 다음 정보의 순환단계의 처리 탐색에 대한 설명 중에 다른 것은?
① 수집내용을 분석기법에 의거 적용하는 단계이다.
② 수집된 첩보의 출처, 정확성 등을 1차 평가하는 단계이다.
③ 평가된 내용을 분석하기 전에 분석할 수 있는 상태로 정리되는 것을 말한다.
④ 신호정보로 수집한 내용은 해독 및 번역하여 분석이 용이하도록 하는 과정이다.

12회 모의고사 문제

01. 다음 중에 통합형 정보기관이 <u>아닌</u> 것은?
① NIS
② MSS
③ SVR
④ CIRO

02. 다음 중 민간인의 간첩죄에 해당하는 법령은?
① 군형법
② 국가보안법
③ 군사기밀보호법
④ 형법

03. 다음 중 각국의 정보기관 조정통제기구가 <u>아닌</u> 것은?
① 일본 내각정보회의
② 한국 국가정보원
③ 영국 합동정보위원회
④ 이스라엘 정보기관장위원회

04. 다음 중에 북한의 정보기관 소속과 관련된 내용 중 틀린 것은?
① 총참모부 - 정찰총국
② 국무위원장 - 국가보위성(국가안전보위성)
③ 노동당 총비서 - 문화교류국
④ 최고사령관 - 보위국(보위사령부)

05. 다음 정보법령과 연결된 것 중 다른 것은?
① 반국가단체 - 국가보안법
② 외교상의 기밀누설 - 외교안보법
③ 공무원의 기밀누설 - 형법
④ 군내간첩죄 - 군형법

06. 한국의 정보기구 통제와 관련하여 사실과 다른 내용은?
① 정보기구 통제의 종류에는 입법부 통제, 행정부 통제, 언론의 통제 등 3가지가 있다.
② 입법부의 통제에는 입법권, 예산편성권, 국정조사 및 감사, 정보기관장 탄핵소추권, 대정부 질의 등이 있다.
③ 의회의 정보통제는 정파간 정쟁수단이 아니라 국가안보 및 국가이익차원에서 초당적으로 접근해야 한다.
④ 행정부의 통제에는 인사권, 조직해체 및 축소권, 행정명령권 등이 있다.

07. 다음 사이버테러 및 사이버공격 방법 중에서 소프트웨어 공격방법이 아닌 것은?
① 전파방해 ② 워너크라이
③ 랜섬웨어 ④ 스턱스넷

08. 국제범죄의 특징에 대한 설명 중 다른 것은?
① 국제범죄는 정보기관의 국제공유로 수사를 강화하여 점차 활동에 제한을 받고 있다.
② 다양한 금융루트로 돈세탁이 용이하여 범죄조직 비자금 마련에도 매우 용이하다.
③ 과거 소형무기 거래에서 최근에는 중화기까지 무기거래를 확산시키고 있어서 각국의 안보 문제에도 위협이 되고 있다.
④ 범죄조직간에 국제적인 연대를 강화하면서 그 세를 점차 강화해 나가고 있어서 각국의 정보기관들이 긴밀하게 대처하지 않으면 통제하기 어렵다.

09. 다음 중 산업정보활동과 관련하여 설명한 내용 중에서 다른 것은?

① 탈 냉전이후 각 국가는 국가안보에서 경제의 중요성이 부각되면서 산업정보활동 및 산업보안활동에 관심이 증대되었다.
② 탈 냉전이전에는 산업정보활동을 실시하는 과정에서도 경제적 이익보다는 동맹관계가 중요하여 비교적 우호적인 방법으로 해결하였고, 국가간에 마찰하는 경우도 최소화하였다.
③ 현재 전세계는 경제전쟁중으로 경제안보에 더욱 집중하는 방향으로 확대되고 있으며, 미-중간 무역전쟁이나 일본의 한국에 대한 경제보복도 이러한 틀에서 적용되고 있다고 보아야 한다.
④ 산업정보 활동영역은 국가간의 경제발전에 영향을 주는 국가경제, 미래 핵심기술 등으로 국한하며, 민간기업에 대한 산업정보 및 보안활동에는 상대적으로 소극적이다.

10. 다음 중 4대 국제수출 통제체제 및 관련 협약이 아닌 것은?

① 바세나르체제(WA)
② 비엔나 협정
③ 오스트레일리아 협약(AG)
④ 미사일기술 통제체제(MTCR)

11. 다음 용어와 관련 있는 것은 무엇인가?

탈린매뉴얼, 국제침해사고 대응협의회, Meridian회의

① 국제범죄 대응협력체제
② 산업정보 협력체제
③ 국제방첩 대응협력체제
④ 국제사이버 협력체제

12. 다음 테러와 관련된 설명 중에 다른 것은?
   ① 국무총리는 국가의 테러공격에 대한 체계적인 대응을 위해서 국가테러대책위원회 의장으로서 대테러와 관련 중요사항을 심의 의결한다.
   ② 테러 경보는 정상 - 관심 - 주의 - 경계 - 심각 등 5단계이다.
   ③ 테러경보발령 등의 총괄적인 임무를 수행하는 곳은 대테러센터이다.
   ④ 테러사건대책본부는 5가지로 국외테러, 군사시설테러, 항공테러, 국내일반테러, 해양테러 등 구분하여 테러사건대책본부를 둔다.

13. 다음 중에 북한의 테러사건과 기관이 다른 것은?
   ① 당 225국 - 왕재산 간첩단(2011)
   ② 당 35호실 - 대한항공 858기 폭파(1987)
   ③ 군 정찰국 - 아웅산 묘소 폭파(1983년)
   ④ 당 문화교류국 - 김정남 암살(2017)

14. 다음 설명이 말하고 있는 내용은 무엇인가?

   > 보안상 매우 중요한 구역으로서, 비인가자의 출입이 엄격하게 금지되는 구역이다.

   ① 통제구역　　　　　　　　　　② 제한구역
   ③ 특별구역　　　　　　　　　　④ 제한지역

15. 다음 중 비밀의 보호기간 및 보존기간에 대한 설명 중에서 다른 것은?
   ① 보호기간은 비밀로서의 가치가 있는 기간으로 생산부서에서만 지정한다.
   ② 보존기간은 비밀이 보호기간이 종료되었어도 책임실명제 차원에서 일정기간 보관하는 기간으로 생산부서 및 접수부서에서 기간을 정할 수 있다.
   ③ 보존기간은 1년, 3년, 5년, 10년, 30년, 준영구, 영구로 분리한다.
   ④ 보호기간이 지나면 각 시설 및 부대별로 원본을 파기하지 않고 기록물 관리부서로 이관되어 보존기간까지 보관후에 기록물 관리부서에서 파기한다.

16. 다음 중 1급 비밀취급 인가권자에 해당하지 않는 직책은?
   ① 국가인권위원장
   ② 금융위원회위원장
   ③ 대통령실 정무수석
   ④ 각군 참모총장

17. 다음 중 신원조사에 대한 설명으로 사실과 다른 것은?
   ① 신원조사는 비밀취급인가권, 즉 비밀로 분류된 정보에 접근할 수 있는 자격여부와 공무원 자격의 적격여부를 확인하기 위해 하는 조사활동이다.
   ② 신원조사의 대상은 공무원 임용예정자, 비밀취급인가예정자 등이 포함된다.
   ③ 신원조사는 비밀등급이 높을수록 신원조사 과정이 까다로우며, 조사 대상은 직계존비속의 이념분야만 조사한다.
   ④ 개정된 규정에서 신원조사 대상자에서 공공기관의 임직원은 제외되었다.

18. 다음 중 방첩 관련하여 한국의 통신제한 조치에 대한 설명 중 다른 것은?

① 통신제한조치는 통신비밀보호법에 근거하여 각종 범죄수사, 안보수사, 기타 긴급한 경우에 적용한다.
② 내국인은 고등법원 수석판사의 허가를 받아서 집행한다.
③ 외국인은 대법원 대법관의 승인을 받아야 집행할 수 있다.
④ 통신제한조치는 4개월을 초과하지 못하며, 추가로 연장할 경우에도 4개월의 범위를 넘지 못한다.

19. 다음 한국의 방첩역사의 기원인 제국익문사에 대한 설명 중 다른 것은?

① 구한말 고종황제가 설립한 비밀정보기관으로 한국 근대정보기관의 효시가 되었다.
② 제국익문사는 주로 국내에 들어와 있는 외국관리 및 외국인과 국내 각 대신들의 활동에 대하여만 정보를 수집하였다.
③ 제국익문사는 비보강정이라는 23개항의 조항으로 구성되어 있는 비밀활동의 지침서를 작성하여 준용하였다.
④ 제국익문사의 직원이름은 암호체계를 사용하여 기록하여서 아직까지 밝혀내지 못하고 있다.

20. 다음 중 전복공작에 대한 설명 중 다른 것은?

① 전복공작은 자국에 불리한 영향을 주는 상대국 정권을 직접적, 혹은 간접적으로 전복시키는 비밀공작행위이다.
② 정권전복을 위해 목표가 세워졌다면 다른 비밀공작과 상관없이 치밀하게 준비하여 비밀리에 우선적으로 시행하는 비밀공작행위이다.
③ 상대국 정부의 전복을 위해서 우선적으로 정부의 반대세력에 대하여 물자 및 자금을 지원하다가, 여의치 않으면 반대세력을 무장지원한 후 동원하여 군사적으로 전복하기도 한다.
④ 가장 이상적인 전복공작은 무력을 동원하지 않고 상대국 반대세력에 의해 무혈 쿠데타로 인한 정권전복이다.

21. 다음 정보보고서의 종류와 이를 연결하는 내용 중 다른 하나는?
   ① 판단정보 - 국가정보 판단서, 정보보고서
   ② 현용정보 - 일일브리핑, 일일요약정보
   ③ 기본정보- 군사력, 인구, 1인당 GDP 등
   ④ 현용정보는 기본정보로서 대체로 불변하며 과거정보라고도 한다.

22. 다음 중에 인간정보 수집수단이 <u>아닌</u> 것은?
   ① 외교관
   ② 비공직 가장(흑색요원)
   ③ 공직가장(백색요원)
   ④ 망명자, 귀순자

23. 다음 중에 한국이 도입한 '글로벌호크(RQ-4)'에 대한 설명 중 다른 것은?
   ① 한국 공군에서 4대를 도입, 2021년부터 작전배치하여 정보를 수집한다.
   ② 고도 20km상공에서 운용되며, 36~42시간 체공이 가능하고 작전반경이 3,000km로서 북한 전역에 대하여 정보수집이 가능하다.
   ③ 글로벌호크는 영상정보와 신호정보를 모두 수집 가능하며, 따라서 한국군의 정보수집능력이 획기적으로 증대되었다.
   ④ 공군은 글로벌호크를 운용하여 정보수집을 위해서 기존 정보부대를 공군항공정보단으로 증편 창설하였고, 분석기능도 확대하였다.

24. 다음 중 정보요구에 대한 설명에 대하여 다른 내용은?

① 정책부서 및 정책 담당자로부터의 정보기관에 대한 정보요구가 있다.

② 횡적인 정보기관간의 필요한 정보요구가 있다.

③ 정보기관내 정보생산부서에서의 정보수집부서에 대한 정보요구가 있다.

④ 정보요구는 정보기관의 정보능력과 수집자산, 국내외적 환경 등과 관계없이 긴급한 내용은 수시로 요구하여 국가정책에 도움이 되어야 한다.

25. 다음 주요 정보학자의 정보에 대한 정의를 설명한 것과 다른 것은?

① 아브라함 슐스키: 적대세력 영향 완화, 영향을 주는 비밀스러운것

② 제프리 리첼슨: 지식의 수집, 처리, 종합, 분석, 평가 및 해석

③ 셔먼 켄트: 지식, 조직, 활동

④ 마이클 허만: 추론적, 평가적인 지식

13회 모의고사 문제

정답 및 해설 234p

01. 다음 중 애셜론(Eechlon)에 대한 설명으로 다른 것은?
   ① '5 Eyes(5개의 눈)'라고도 하며, "영-미 안보협정(UK-USA Security Agreement, 1943년)'에 의거 영연방 4개국과의 맺은 신호정보수집 시스템이다.
   ② 미국 NSA(국가안보국)를 중심으로 영국 GCHQ(정부통신본부), 뉴질랜드 GCSB(정보통신보안국), 캐나다 CSE(통신보안국), 호주 ASIO(신호정보국) 등의 신호정보기관이 참여하는 초국가적 첩보기구이다.
   ③ '5Eyes'는 각국의 공식적인 법과 규제를 뛰어넘어 초법적인 첩보수집활동을 하며, '프리즘'이라는 시스템을 개발해 인터넷, 전화, 팩스, E-mail, 웹페이지, 사진, 음성데이터 등 광범위한 첩보를 수집한다.
   ④ '5 Eyes' 국가는 기밀문서에 'UK/AUS/CAN/NZ/US EYES ONLY'라는 등급 표시로 기밀을 유지하며, 미국의 모든 첩보를 완전하게 공유한다.

02. 다음 중 2025년도 현재 테러지원국이 아닌 국가는?
   ① 북한
   ② 수단
   ③ 이란
   ④ 쿠바

03. 다음 중 미국의 정보공동체에 대한 설명 중 다른 것은?
   ① 미국의 정보공동체는 ODNI를 포함하여 총 18개이다.
   ② 우주군이 2021년 1월에 18번째 미국의 정보공동체가 되었다.
   ③ 미국의 우주군 정보기관은 공군성소속으로 공군장관이 업무를 조정통제한다.
   ④ 우주군의 정보기관은 제7 우주델타부대이다.

04. 다음 중 김정은의 직책이 <u>아닌</u> 것은?
　① 노동당 위원장　　　　　　② 국무위원장
　③ 노동당 총비서　　　　　　④ 최고사령관

05. Priority Creep 에 대한 설명으로 옳지 <u>않은</u> 것은?
　① 국가정보활동의 균형을 상실하게 한다.
　② 정보권력의 암투를 유발할 수 있다.
　③ 국가정보활동에 악영향을 끼친다.
　④ 특별과제 발생 시 정보활동의 우선권이 재조정 되는 것이다.

06. 정보과정에 대한 설명으로 옳은 것은?
　① 정보과정은 한 방향으로 이루어진다.
　② 정보는 정책을 집행하는 기능이 있다.
　③ 정보과정 내부에는 여러 가지 소순환 과정이 있다.
　④ CIA의 정보순환단계에 환류와 피드백이 포함된다.

07. 국가방첩전략회의에 관한 설명 중 옳지 <u>않은</u> 것은?
　① 국가방첩전략회의의 의장은 국가정보원장이 된다.
　② 국가방첩전략회의는 의장 1명을 포함한 15명 이내의 위원으로 구성한다.
　③ 국방정보본부장 및 국군방첩사령관이 참석한다.
　④ 국가방첩전략회의를 효율적으로 운영하기 위한 국가방첩전략실무회의를 둔다.

08. 부처별 테러사건대책본부의 내용 및 명칭으로 맞지 <u>않는</u> 것은?
　① 행정안전부장관: 국내일반테러사건 대책본부
　② 국방부장관: 군사시설 테러사건 대책본부
　③ 국토교통부장관: 항공테러사건대책본부
　④ 외교부장관: 해외테러사건 대책본부

09. 대통령이 비밀공작을 모를 수 없도록 사전에 확인 및 서면승인 하도록 조치한 미국의 법률은?
　① 휴즈-라이언법(Hughes-Ryan Amendment, 1974)
　② 정보신원법(Intelligence Identities Act, 1982)
　③ 정보감독법(Intelligence Oversight Act, 1980)
　④ 정보수권법(Intelligence Authorization Act, 1991)

10. 국가테러대책위원회 및 테러대책과 관련한 설명 중에 맞지 <u>않는</u> 것은?
　① 국가테러대책위원회의 효율적 업무를 운영하기 위해 실무위원회를 둔다.
　② 대테러활동간의 인권침해를 우려하여 이를 효율적으로 통제하고 처리하기위해 대테러인권보호관을 둔다.
　③ 국가대테러대책위원회 위원장은 국가정보원장이다.
　④ 국가대테러대책위원회는 대테러활동에 대한 모든 정책의 중요사항을 심의·의결한다.

11. 정보기구의 담당 업무수준별 분류 시 다른 하나는?
　① 국가안보국(NSA)　　② 마약단속국(DEA)
　③ 국가정찰국(NRO)　　④ 국가지형정보국(NGA)

12. 다음과 국제범죄와 관련된 내용은 무엇인가?

> 2000년에 국제조직범죄에 대하여 UN차원에서 대응하고 해결을 위하여 협약한 것으로서 국가간의 국제공조, 정보공유, 국제범죄수사협조 시스템의 가동 등을 명시하였다.

① 팔레모협약
② 칸네트워크
③ 바세나르체제
④ 국제침해사고대응협의회

13. 다음 중에 북한의 테러사건과 기관이 다른 것은?
① 당 225국 - 대한항공 858기 폭파(1987)
② 당 35호실 - 영화배우 최은희 - 신상옥 납치(1978)
③ 정찰총국 - 천안함 폭침(2010)
④ 당 225국 - 이한영 암살(1997)

14. 대한민국의 정보보호전문연구기관으로 사이버안전시스템, 국가보안 및 암호 연구기관은?
① 국가보안기술연구소(NSRI)
② 한국인터넷진흥원(KISA)
③ 방송통신위원회(KCC)
④ 한국전자통신연구원(ETRI)

15. 사이버공격에서 사이버 범죄와 사이버 테러를 구분하고 있다. 다음 사이버테러가 아닌 것은?
① DDoS공격
② 불법복제(프로그램, 음란물)
③ 파일삭제
④ 폭탄메일

16. 다음 중 들어갈 것으로 적당한 것은?

> 제3조: 반국가단체를 구성하거나 이에 가입한 자 중 간부 기타 지도적 임무에 종사한 자는 사형
> ·무기 또는 ( )년 이상의 징역에 처한다. 그 이외의 자는 ( )년 이상의 유기징역에 처한다.
> 제4조: 반국가단체를 구성하거나 가입권유, 예비음모자 중 수괴, 간부, 지도적 임무에 종사
> 한 자는 2년 이상의 유기징역에 처하고, 그 이외의 자는 ( )년 이하의 징역에 처한다.

① 5, 2, 7　　　　　　　　　　② 5, 2, 10
③ 7. 5. 10　　　　　　　　　　④ 5. 2. 5

17. 인류최초의 핵무기 개발계획인 맨하튼 프로젝트를 소련에 누설한 것과 관련된 인물은?
① 리하르트 조르게　　　　　　② 레이바 돔
③ 포틀랜드 스파이링　　　　　④ 로젠버그 부부

18. 정보의 질적 요건 중 우리 속담의 사후약방문과 같은 의미를 가진 것은?
① 적절성　　　　　　　　　　② 적시성
③ 적합성　　　　　　　　　　④ 객관성

19. 다음에 해당하는 정보는 무엇인가?

> 대량살상무기의 확산을 감시할 수 있고 화학무기의 생산공장에서 배출되는 가스와 폐기물의 양을 확인하여 화학무기를 추적감시 할 수 있으나, 미국 정책결정자들에게는 아직 영상정보나 신호정보보다 덜 친숙하다.

① MASINT　　　　　　　　　② OSINT
③ SIGINT　　　　　　　　　　④ TELINT

20. 다음 중 정보보고서 중 생산주체가 다른 하나는?

① 국가일일정보(NID)   ② 대통령 일일브리핑(PDB)
③ 국가정보판단서(NIEs)   ④ 정보메모(Warning Memorandum)

21. 다음 각국의 정보기구를 조정 및 통제하는 기구가 <u>아닌</u> 것은?

① 미국 - 국가정보장실(ODNI)
② 프랑스 - 국가정보위원회(CNR)
③ 이스라엘 - 최고정보위원회(VARASH)
④ 독일 - 국가정보위원회

22. 다음은 어느 분석기법인가?

> 어떤 사안에 대하여 반대입장을 취하는 사람을 선정하여 분석관들과 실제로 예상되는 이슈들을 하나하나 토론하여 최선의 결과를 얻어내는 기법이다. 집단사고를 깨기 위한 기법으로 사용한다.

① 레드팀   ② 핵심전제조건 점검
③ 악마의 대변인   ④ 붉은 세포역할

23. 다음의 설명에 해당하는 정보기구는?

> 군사정보기관이면서도 세계정치관련 정보를 수집하고, 일일정보동향과 국가정보판단서도 작성하여 행정수반과 정부부서에 제공한다. 또한 군사정보수집과 방첩기능을 수행하는 통합형 군사정보기관이다.

① 아만(AMAN)   ② 군사정보부(DRM)
③ 전략정보사(KSA)   ④ 정보총국(GRU)

24. 2021년 개정된 국가정보원의 내용과 다른 것은?

① 국가정보원의 명칭은 그대로 유지되며, 수사권은 3년 유예 후에 국가수사본부로 이관토록 하였다.
② 직무범위를 대북 및 해외정보위주로 한정하고 국내정보수집은 폐지하였다.
③ 대공 및 안보수사권은 경찰로 이관하며, 경찰은 국가수사본부를 설치하여 대공 및 안보수사권을 담당한다.
④ 국회정보위원회가 재적위원 과반수가 특정하여 요구할시 관련정보를 공개해야 한다.

25. 다음 한국의 군사위성 도입과 관련하여 다른 내용은?

① 국방부가 2023~2025년 말까지 군사정찰위성 5기 확보를 추진하고 있다.
② 군사정찰위성은 5기(신호정보, 영상정보) 세트로 제작, 운용할 예정이다.
③ 군사정찰위성은 북한의 핵무기공격에 대비한 '킬체인(Kill-Chain)'의 핵심조건으로 북한의 핵무기공격을 조기 탐지하는 탐지체계이다.
④ 글로벌호크 4기를 2020년도 도입하여, 2021년부터 영상정보 수집에 운용중이다.

14회 모의고사 문제

01. 다음 방위산업보호위원회에 관한 내용 중 틀린 것은?
   ① 방위산업기술보호위원회의 위원장은 방위사업청장이다.
   ② 방위산업기술보호위원회는 25명으로 구성되어 있다.
   ③ 방위산업기술보호위원회는 방위산업기술보호법에 근거한다.
   ④ 구성원에 국방과학연구소장, 국방기술품질원장, 정보수사기관의 실·국장급 공무원 또는 장성급 장교 등이 포함된다.

02. 국정원법의 개정된 내용이 아닌 것은?
   ① 북한 및 해외정보의 수집
   ② 산업방첩, 대테러 및 국제범죄와 관련된 정보수집
   ③ 국가보안법 규정된 죄와 관련되고 반국가단체와 연계되거나 의심되는 안보침해행위에 관한 정보수집
   ④ 국정원직원은 무기를 휴대할 수 없다.

03. 다음 중 군형법에 대한 내용 중에 다른 것은?
   ① 적을 위해 간첩한자는 사형에 처한다.
   ② 적의 간첩을 방조한자는 무기징역에 처한다.
   ③ 군형법 적용대상자는 군인, 군무원, 군적을 가진 학생·생도, 사관 및 부사관 후보생 등이다.
   ④ 군형법은 내국인, 외국인에 대하여도 군인에 준하여 적용한다.

04. 다음 중 김정은의 직책이 <u>아닌</u> 것은?
① 당군사위원회 위원장　　② 국무위원장
③ 노동당 총비서　　　　　④ 국가안전보위상

05. 국가정보기구에 대한 올바른 인식이 <u>아닌</u> 것은?
① 국가정보기구는 정권의 기구가 아닌 국가, 국민의 정보기구가 되어야 한다.
② 법치주의와 민주주의 이념하에 민주적으로 기능하는 전문 국가정보기구가 되어야 한다.
③ 이념적으로 국가정보기구는 국가정보의 객관화, 민주화, 보수화를 지향해야 한다.
④ 국가정보기구가 국가안보와 국가이익을 위해서일지라도 국민의 사생활과 인권을 존중해야 한다.

06. 한국의 정보통제에 있어서 행정부의 통제수단이 <u>아닌</u> 것은?
① 대통령의 인사권 행사
② 기획재정부의 예산 감축
③ 국가안전보장회의에 의한 통제
④ 행정명령권

07. 이란군의 군사정보 수집기관은 어느 것인가?
① 핵보안국
② 이슬람혁명수비대 정보보호국
③ 이란군 정보보호국
④ 국방부 정보보안국

08. 한국군의 정보기관에 대한 지휘계통에 대해 틀린 내용은?

① 국방장관 직할로 국방정보본부가 있으며 예하에 정보사, 777사가 예속되어 있다.
② 정보사와 777사는 평시에 합참의장의 지휘도 받는다.
③ 방첩사령부는 국방장관의 직할기관이다.
④ 사이버작전사령부는 정보기관이 아니며 합참의장의 지휘를 받는 사이버작전부대이다.

09. 이스라엘 군정보기관 Aman의 조직이 아닌 것은?

① 8200부대 ② Unit 504
③ Sayeret MATKAL ④ YAMAM

10. 다음 독일의 과거 정보기구에 포함되지 않는 것은?

① 해외방첩청 ② 나치보안대
③ 전략정보사령부 ④ 겔렌조직

11. 러시아의 대테러부대에 대한 설명 중에 틀린 내용은?

① FSB산하의 대테러센터(ATC)에서 통제한다.
② 해외대테러부대인 '알파'와 국내대테러부대인 'Vympel'이 있다.
③ 뮌헨올림픽 참사이후 1974년에 KGB 예하부대로 최초 창설되었다.
④ 국내대테러부대는 2002년 모스크바극장 인질극 당시 수면가스를 살포하고 돌입하여 40명의 테러리스트를 전원을 사살하였다.

12. 다음의 중국의 정보기구 체계와 관련된 기구는 무엇인가?

> 중국내 군 정보조직의 수집된 정보가 최종적으로 보고되며, 군의 정보 및 보안 업무를 총괄하고 군정보조직을 조정 및 통제하는 중국군내 당의 기관이다.

① 당 중앙군사위원회　　② 당 중앙위원회
③ 당 중앙정법위원회　　④ 군 정법위원회

13. 다음 중 해외정보기구 중에 수사권이 있는 정보기구는?
① SVR　　② CIA
③ SIS　　④ BND

14. 대한민국의 국가핵심기술 유출을 방지하고 보호하기 위해 산업통상자원부와 국정원의 도움을 받아 설립한 기관은?

① 국가보안기술연구소(NSRI)
② 중소기업 기술정보진흥원(TIPA)
③ 한국산업기술보호협회(KAIT)
④ 한국전자통신연구원(ETRI)

15. 다음 사이버상의 소프트웨어 공격방법은 무엇인가?

> 시스템내부를 설계할 때부터 개발자만 알 수 있도록 프로그램에 설치한 침입로이며 정상적인 인증절차를 거치지 않고 언제든 컴퓨터와 암호시스템에 접근할 수 있도록 하는 방법이다.

① DDoS공격　　② 스턱스넷
③ 랜섬웨어　　④ 백도어

16. 다음 중 현재 한국의 사이버 안보 관련기관이 아닌 것은?
   ① 국군사이버작전사령부
   ② 경찰청 사이버 안전국
   ③ 국가수사본부 사이버수사국
   ④ 국정원 국가사이버안보센터

17. 한국의 대테러방지법이 통과하게 된 결정적 사건은 무엇인가?
   ① 김기종의 미국 리퍼트대사 습격사건
   ② 김기종의 일본대사 습격사건
   ③ 박근혜 의원 면도칼 피습사건
   ④ 북한의 황장엽 암살단 파견사건

18. 다음 시설보안 중 보호지역에 포함되지 않는 용어는?
   ① 특별보안구역
   ② 통제구역
   ③ 제한지역
   ④ 제한구역

19. 다음에 해당하는 공작행위는 무엇인가?

   > 상대국정부의 판단을 흐리게 하여 자국이 의도하는 방향으로 유도하기 위한 일체의 공작행위를 의미한다.

   ① 정치공작
   ② 경제공작
   ③ 기만공작
   ④ 선전공작

20. 다음 중 군사 1급 비밀 지정권자가 아닌 직책은?
   ① 제2작전사령관　　　　　　② 방위사업청장
   ③ 국방과학연구소장　　　　　④ 국방홍보원장

21. 다음 한국의 방첩 및 보안기관에 포함되지 않는 기관은?
   ① 해양경찰청　　　　　　　　② 법무부
   ③ 법원 행정처장　　　　　　　④ 관세청

22. 다음 수집과정에서의 어느 이슈에 대한 내용인가?

   > 정보수집요원들이 첩보를 수집하여 보고하는 과정에서 나오는 상황으로 수집한 첩보가 필요하고 요긴한 첩보가 아니라 쓸모없는 첩보를 수집함으로써, 오히려 처리하는데 곤란할 상황을 의미한다.

   ① Swarm Ball 현상
   ② Vacuum Cleaner Issue 현상
   ③ Zero-Sum Game 현상
   ④ Wheat and Chaff 현상

23. 다음 첩보원이 되는 동기로 묶여진 것은?

   | (ㄱ) Money | (ㄴ) 학벌 및 지식 | (ㄷ) Ego |
   | (ㄹ) 불만 및 반항 | (ㅁ) Ideolgy | |

   ① (ㄱ)-(ㄴ)-(ㄷ)　　　　　　② (ㄱ)-(ㄷ)-(ㅁ)
   ③ (ㄴ)-(ㄷ)-(ㅁ)　　　　　　④ (ㄱ)-(ㄹ)-(ㅁ)

24. 다음의 시계열에 따른 분류에 대하여 다른 내용은?

① 기본정보는 과거의 정보라고도 하며 변화하지 않는 기초적인 내용들이 이에 해당한다.
② 현용정보는 매일 동태적으로 변화되는 사실에 대한 정보이다.
③ 판단정보는 미래의 정보로서 분석을 통해서 미래를 전망하고 예측한다.
④ 기본정보-동태정보-판단정보로 분류한다.

25. 다음 한미연합사령관이 가진 전시작전통제권의 한국군 환수 시에 가장 큰 문제점은 무엇인가?

① 한국 합참의장의 지휘 능력
② 한국군 주도의 한-미연합작전 능력
③ 한국군의 단독적인 정보수집능력
④ 한국군 단독 작전 능력

15회 모의고사 문제

정답 및 해설 243p

01. 다음 주요 정보학자가 <u>아닌</u> 사람은?
① Michael Warmer
② Michael Herman
③ Jeffery T. Richelson
④ Thomas Frey

02. 국정원법의 개정된 내용 중 다른 것은?
① 북한 및 해외정보를 수집하고 일부 산업방첩 등 국내와 관련된 정보를 수집하는 통합형 정보기관이다.
② 2023년 중반 현재 모든 수사권이 폐지되었으며, 국가수사본부로 완전히 이관하여 수사권을 행사하지 않고 있다.
③ 국가보안법에 규정된 죄와 관련되고 반국가단체와 연계되거나 의심되는 안보침해행위에 관한 정보를 수집하여 분석한다.
④ 3년 후 국정원에 의해 국내 및 해외에 관련된 정보가 수집되고 분석되어 수사가 필요하면 국가수사본부와 검찰이 수사를 담당하게 된다.

03. 다음 중 국가정보기관과 부문정보기관을 설명한 내용 중 다른 것은?
① 국가정보기관은 행정수반의 직속으로 독립적인 기관을 유지하며 국가차원의 정보활동을 하는 기관이다.
② 부문정보기관은 행정부처의 소속으로 해당 행정부처의 정책결정에 유용한 정보활동을 하는 기관이다.
③ 국가부문정보기관은 국가급 기관이나 행정부처에 유용한 정보활동을 하는 기관을 말한다.
④ 국가부문정보기관은 행정부처의 소속이나 국가차원의 유용한 정보활동을 하는 기관을 말한다.

04. 다음 중 비밀공작에 대한 설명으로 바르지 않은 것은?

① 비밀공작을 시행하는 국가는 합법적인 절차에 의해 승인 후 시행한다.
② UN은 비밀공작행위를 인정하고 있다.
③ 비밀공작을 시행하는 국가차원에서 상대국가에 대한 비합법적인 행위로 고민하게 한다.
④ 비밀공작은 정상적 외교행위 이후 전쟁 등 물리적방법의 이전단계로 볼 수 있다.

05. 북한의 김정은이 집권한 시기와 직책은 무엇인가?

① 2012년 1월1일-국방위원장
② 2011년 12월 17일-국방위원회 제1위원장
③ 2011년 12월 17일-국방위원회 부위원장
④ 2012년 1월 1일-조선인민군 최고사령관

06. 한국의 정보통제와 관련하여 적절하지 않은 것은?

① 한국은 매번 정권교체를 통하여 정보기관에 대한 진상조사가 이루어지면서 정보기관의 개혁과 감독을 시행하였다.
② 정권 교체 후에 정보기관의 조직개편, 불법행위 등을 수사하여 처벌받는 사례가 많다.
③ 국회차원에서 정상적인 절차를 통하여 매우 효과적인 정보통제가 비교적 잘 진행되었다고 볼 수 있다.
④ 국회차원보다는 집권한 정권의 내부통제와 조사로 진행하는 경우가 일반적이어서 민주적 통제가 미흡한 편이다.

07. 이스라엘 모사드의 주요부서 및 예하기관이 아닌 것은?
   ① Metsada
   ② Sayanim
   ③ Tsafririm
   ④ 아랍국

08. 한국군의 정보기관에 대한 지휘계통에 대해 틀린 내용은?
   ① 국방정보본부장은 정보사, 777사를 지휘통제하며 국방부와 합참에 전략 및 군사정보를 책임진다.
   ② 정보사와 777사는 북한 및 주변국에 대한 전략 및 군사정보를 수집한다.
   ③ 방첩사령부는 국방장관이 직접 지휘한다.
   ④ 사이버작전사령부는 합참의장이 지휘하며, 사이버관련 정보를 수집하는 정보기관이라 할 수 있다.

09. 미군의 군 정보기관이 아닌 것은?
   ① INSCOM
   ② MCIA
   ③ OICI
   ④ Space Delta 7

10. 다음 영국의 과거 정보기구와 관련된 사항에 포함되지 않는 것은?
   ① 전쟁청
   ② 군사정보국(DMI)
   ③ 윌싱햄경
   ④ 비밀정보국(SSB)

11. 국가수사본부에 대한 설명으로 적절치 <u>않은</u> 것은?

   ① 2021년 1월 1일부로 대통령의 지시를 받는 별도의 독립된 수사기관으로 설치되었다.
   ② 경찰의 독립성과 전문성의 제고를 위해서 일반경찰과 수사경찰을 분리하여 신설된 수사기관이다.
   ③ 사이버수사와 간첩 등 안보수사, 반부패 및 마약범죄 등을 수사 한다.
   ④ 국가수사본부에 대하여 경찰청장은 개별 사건과 관련해 구체적 지휘·감독을 할 수 없다. 다만 '중대한 위험을 초래하는 긴급하고 중요한 사건 수사'에는 개입할 수 있다.

12. 다음 중국의 군 정보기구는 무엇인가?

   > 중국내 군 정보조직으로 신호정보, 영상정보, 공개정보를 수집 처리한다. 또한 암호해독, 군사정찰위성을 통해 영상사진판독 등의 임무를 수행한다.

   ① 연합참모부 2부
   ② 연합참모부 3부
   ③ 연합참모부 4부
   ④ 연합참모부 정치공작부

13. 다음 중 비밀의 관리에 대하여 다른 것은?

   ① 1급 비밀은 금고형 용기에 보관하며 특별한 다른 장소에 별도 보관해야 한다.
   ② 2급과 3급 비밀은 혼합하여 보관할 수 있으며 비밀 합동 보관소에 보관해야 한다.
   ③ 비밀합동보관소는 통제구역으로 구분하여 관리한다.
   ④ 비밀은 일반문서와 혼합하여 보관할 수 없다.

14. 대한민국의 국가핵심기술관리에 대한 설명 중 다른 내용은?
   ① 국가핵심기술은 해외에 유출될 경우에 국가의 안전보장 및 국민경제의 발전에 중대한 악영향을 줄 우려가 있는 산업기술이다.
   ② 국가핵심기술은 매년 산업통상자원부장관이 주관하여 지정한다.
   ③ 국가핵심기술의 지정은 한국산업기술보호위원회에서 결정하며 위원장은 산업통상자원부장관이고 25명의 위원이 있다.
   ④ 국가핵심기술의 외국 유출시 3년 이상의 징역, 10억 이하의 벌금에 처한다.

15. 다음 사이버상의 소프트웨어 공격방법은 무엇인가?

   > 산업시설을 감시하고 파괴하는 산업 악성 프로그램이다. 원격제어시스템의 제어소프트웨어에 침투하여 시스템을 마비시켜 정상적인 작동을 방해하거나 오작동을 유도하는 등 폐해가 심하다.

   ① DDoS공격
   ② 스턱스넷
   ③ 랜섬웨어
   ④ 백도어

16. 다음 중 방첩활동의 범위와 관련하여 다른 내용은?
   ① 방첩의 주요목표는 외국 정보기관뿐만 아니라 외국 정부, 조직, 개인 등 다양한 적대세력을 대상으로 한다.
   ② 상대국 정보기관의 간첩활동을 차단하는 방어적 활동뿐만이 아니라 상대국 정보요원을 포섭하여 역이용 및 기만정보로 교란도 실시한다.
   ③ 상대국의 정보활동 성공은 자국 방첩활동의 성공과도 연결된다.
   ④ 상대국 정보기관의 능력과 의도 등을 수집하여 대응하는 것이 방첩활동의 주요 임무중의 하나이다.

17. 한국의 대테러센터에 대한 설명으로 다른 것은?

① 대테러센터장은 국무총리가 임명한다.
② 국가 대테러활동 관련 제반업무를 관리하고 국가대테러지침을 작성 및 배포한다.
③ 국가 대테러경보는 국정원 테러정보 통합센터에서 관리하고 경보도 발령한다.
④ 대테러센터는 국가대테러업무의 컨트롤타워 역할을 수행한다.

18. 다음 중 정보보고서와 관련된 내용 중 다른 것은?

① 미국의 국가정보판단서(NIEs)는 ODNI에서 작성·배포한다.
② 미국 국가정보판단서는 ODNI의 NIC에서 17개 정보공동체로부터 수집한 정보를 기반으로 종합하여 작성한다.
③ 한국의 국가정보판단서는 국정원에서 국정원 자체수집정보 및 국방정보본부로부터 수집된 정보를 종합하여 작성한다.
④ 한국의 국방정보판단서(DIE)도 국정원에서 관련된 군사정보를 종합하여 작성 및 배포한다.

19. 다음 ODNI 산하 주요부서가 아닌 것은?

① 국가대테러센터(NCTC)   ② 국가방첩보안센터(NCSC)
③ 대통령 일일브리핑조직(PDB Staff)   ④ 과학기술국(DS&T)

20. 다음 중 흑색요원의 감시회피를 위한 연락수단이 아닌 것은?

① 비밀사서함   ② 안전가옥
③ 연락원   ④ 신호용 깃발

21. 다음 마약을 합법화한 국가가 아닌 것은?
   ① 노르웨이   ② 네덜란드
   ③ 캐나다   ④ 우루과이

22. 다음 정보분석의 대상이 아닌 것은?
   ① 각종 수집된 첩보 등 비밀   ② 허위정보
   ③ 갈등 조장하는 가짜 뉴스   ④ 국가안보 및 사회불안 미스터리

23. 다음 스파이 중에 자발적 협조자로 구성된 것은?

   | (ㄱ) 리하르트 조르게 | (ㄴ) 케임브리지 5인방 |
   | (ㄷ) 퀸터기욤 | (ㄹ) 로젠버그 부부 |

   ① (ㄱ)-(ㄴ)   ② (ㄴ)-(ㄹ)
   ③ (ㄷ)-(ㄹ)   ④ (ㄴ)-(ㄷ)

24. 다음의 국가정보학의 연구방법에 해당되지 않는 것은?
   ① 안보적 접근   ② 역사적 접근
   ③ 기능적 접근   ④ 구조적 접근

25. 미국의 '4개국 안보전략(Quad)'에 대하여 바른 설명이 <u>아닌</u> 것은?

① 중국이 경제력과 군사력을 바탕으로 전세계를 패권화하여 중화권으로 편입 및 영향력을 확대하려는 전략에 대응하기 위한 다자안보동맹이다.

② 중국은 특히 남중국해를 장악하여 태평양 및 인도양의 해양패권을 시도하고 있으며, 여기에 미국을 중심으로 태평양 및 인도양의 관련국가인 캐나다-일본-호주-인도 등 5개국이 참여하고 있다.

③ 트럼프정부에서 미국 외교전략으로 채택되었고 바이든 정부까지 이어져 강화된 안보전략이다.

④ 한국은 인도태평양 안보전략에 직접 가담하지 않고 있으며, 안보는 한-미동맹, 경제는 중국과의 긴밀한 협조관계를 유지하는 차원에서의 중립적인 입장을 견지하고 있다.

16회 모의고사 문제

01. 다음 중 국방정보에 관한 설명 중 다른 하나는?
① 국방정보는 국방정책과 국방안보에 필요한 국방관련 정보를 의미한다.
② 국방정보는 무기개발정보, 군사전력 및 국방정책관련 정보 등이 이에 해당한다.
③ 국방정보는 국가안보를 다루기에 국가정보보다 상위 개념이다.
④ 국방정보는 국가정보의 하위개념이나 국가안보가 최우선인 상황에서 국가정보이상의 의미가 있다.

02. 마크 로웬탈이 강조한 좋은 정보의 조건이 아닌 것은?
① 객관성 ② 명확성
③ 이해성 ④ 적절성

03. 전환기 국가안보의 패러다임이 아닌 것은?
① 국제사회에 NGO등 새로운 행위자의 등장
② 공개출처의 증가와 민간기관의 빠른 비밀수집 및 생산과정 변화
③ 정보기관에 대한 통제 강화
④ 정보화시대로 정보의 중요성이 점차 약화

04. 다음 중 정책결정과정을 설명한 것 중 다른 하나는?

① 정책결정은 문제확인-정책결정-계획수립-집행과 평가 순이다.
② 문제확인은 국가이익 증대를 위한 여건을 분석하고 안보취약성 진단 등을 실시한다.
③ 계획수립은 정책수립 및 조정 필요성을 검토하고 정책수립의 제약성 등을 면밀히 검토한다.
④ 정책결정은 유용한 정책의 선택, 국력의 효과적인 사용 등을 검토하여 결정한다.

05. 다음 정보요구는 무엇을 설명하고 있나?

> 해당기관의 첩보수집활동을 위해 수립하는 세부지침으로 해당기관의 자체 수집능력과 자산, 환경여건 등을 고려하여 세부적으로 작성한다.

① PNIO
② OIR
③ SRI
④ EEI

06. 다음의 정보분석 기법은 무엇인가?

> 분석관이 책임회피를 위해 쟁점의 중요성과 상관없이 보고서가 명확하지 않고 무의미하며 혼란을 초래할 수 있는 형태의 보고서를 작성하는 경우이다.

① 인식론적 경직성
② 상부상조
③ 주석전쟁
④ 인정된 견해

07. 인간정보의 역사 설명 중 사실과 다른 것은?

① 기원전 2000년경 고대 이집트 바눔 장군의 적군 탐정
② 기원전 356~223년경 페르시아 다리우스대왕의 서신검열, 외국방문자 조사
③ 기원전 13세기 모세의 가나안 땅 12개 부족장 통한 정탐
④ 몽고의 칭기즈 칸은 상인으로 위장시켜 적정 탐지

08. 한국군 국방정보본부장에 대한 설명 중 틀린 내용은?
① 국방정보본부장은 국방정보, 군사전략정보, 군사관련 정보를 총괄하여 국방장관을 보좌한다.
② 국방정보본부장은 평시에는 국방장관만을 보좌하고 합참의장은 전시에만 보좌한다.
③ 국방정보본부장은 합참의 정보참모본부장으로서 평시에 북한 및 군사정보관련 합참의장을 보좌한다.
④ 국방정보본부장은 합참정보참모본부장의 직책도 겸하며 예하에 정보사, 777사를 지휘통제하여 지휘관직책으로 분류한다.

09. 미국의 정보기관 중 한국에 파견된 정보기관이 아닌 것은?
① CIA
② FBI
③ ODNI
④ INSCOM

10. 다음 군사정찰위성을 보유한 국가가 아닌 국가는?
① 캐나다
② 일본
③ 이스라엘
④ 프랑스

11. 국가수사본부에 대한 설명으로 적절치 않은 것은?
① 2021년 1월 1일부로 경찰청장의 지휘를 받는 별도의 독립된 수사기관으로 설치되었다.
② 경찰의 독립성과 전문성의 제고를 위해서 일반경찰과 수사경찰을 분리하여 신설된 수사기관이다.
③ 예하에 수사국, 형사국, 사이버수사국, 안보수사국이 있다.
④ 국가수사본부 임무수행을 위해 각종 수사정보 수집하고 분석하는 관련부서를 두어 독립적으로 임무수행이 가능하다.

12. 다음 미국의 정보기구는 무엇인가?

> 미국 대외정책수립에 관한 정보를 지원하고 주요기관의 생산정보를 제공하여 대외활동에 활용한다.

① I&A
② INR
③ DEA
④ OIA

13. 다음 중 비밀의 관리에 대하여 다른 것은?

① 1급 비밀은 금고형 용기에 보관하며 비밀합동보관소가 아닌 특별한 다른 장소에 별도 보관해야 한다.
② 2급과 3급 비밀은 혼합하여 보관할 수 있으며 비밀합동보관소 내 철재 캐비넷에 보관해야 한다.
③ 비밀합동보관소는 통제구역으로 구분하여 관리한다.
④ 모든 비밀은 반드시 비밀합동보관소에 보관해야 한다.

14. 다음 산업정보활동관련 상거래 방식에 의한 정보수집이 아닌 것은?

① 타업체와 기술제휴, 합작추진
② 기업인수 합병
③ 외국제품 복제
④ 해킹에 의한 기술절취

15. 다음 사이버상의 소프트웨어 공격방법은 무엇인가?

컴퓨터시스템을 감염시켜 접근을 제한하고 사용자의 파일을 담보로 거액의 몸값을 요구하며, 작동을 중지시키는 등 악성 소프트웨어로 2021년 5월 미국 최대 송유관 업체인 '콜로니얼 파이프라인'에 사이버 테러를 가해 시스템을 마비시킨 일당으로 해킹 범죄 조직인 '다크사이드(DarkSide)'가 지목되었다.

① DDoS공격　　　　　　　② 스턱스넷
③ 랜섬웨어　　　　　　　④ 백도어

16. 다음 중 군사무기 기술 등 방산정보만을 수집했던 정보기관은?

① MSS　　　　　　　② LAKAM
③ MOSSAD　　　　　　　④ KSA

17. 다음 군사정찰위성과 관련하여 다른 것은?

① 미국 최초 영상정보 정찰위성: Corona
② 미국 최초 신호정보 정찰위성: POPPY
③ 소련 최초 영상정보 정찰위성: Znit
④ 소련 최초 신호정보 정찰위성: Tselina

18. 다음 미국의 법령 중 해당되는 정보법령은 무엇인가?

미국에서 활동하는 외국정보요원, 테러 및 간첩활동이 의심되는 미국인에 대한 감청 등 수색활동에 대한 영장심사를 의무화하는 등 강화하되 대신 의심자에 대한 대통령의 승인 및 허가시엔 1년간 법원의 영장없이 감청이 가능케 하였다.

① 해외정보감시법　　　　　　　② 정보감독법
③ 정보신원법　　　　　　　④ 정보수권법

19. 다음 ODNI 산하 기관중 가장 핵심적인 컨트롤 타워 기관은?
① 국가대테러센터(NCTC)
② 국가정보관리위원회(NIMC)
③ 대통령 일일브리핑조직(PDB Staff)
④ 국가정보위원회(NIC)

20. 다음 중 한국 정보위원회에 대한 설명 중 다른 것은?
① 1994년 최초로 국회 상임위원회 형태로 구성되었다.
② 12명으로 구성하며 임기는 2년이다.
③ 정보위원회는 모두 비공개로 진행하며 위원은 직무상 국가기밀은 공개하거나 타인에게 누설할 수 없다.
④ 위원 12명은 모든 정당에서 공정한 배분율로 구성된다.

21. 현재 국회에서 일부 당이 폐지를 추진하고 있는 국내법은?
① 테러방지법　　　　　　　② 국가보안법
③ 통신비밀보호법　　　　　④ 군사기밀보호법

22. 다음 중 비인정된 핵무기보유국이 아닌 국가는?
① 인도　　　　　　　　　　② 파키스탄
③ 북한　　　　　　　　　　④ 남아프리카공화국

23. 다음 중 미국 CIA의 전복공작중 성공한 비밀공작이 <u>아닌</u> 것은?

① 과테말라 구즈만정권 전복공작
② 쿠바 카스트로정권 전복공작
③ 칠레 아옌더정권 전복공작
④ 이란 모사덱정권 전복공작

24. 다음 중 이스라엘 모사드의 비밀공작이 <u>아닌</u> 것은?

① 나치 아돌프 아히이만 납치공작
② 팔레스타인 검은 9월단 보복 암살공작
③ 시리아 핵무기개발계획 비밀 입수공작
④ 이란 거셈 솔레이마니 사령관 암살공작

25. 다음 중에 간첩방조 행위의 판례가 <u>아닌</u> 것은?

① 북한공작원을 상륙시켜주는 행위
② 접선방법을 합의하는 행위
③ 포섭대상인물을 소개시켜주는 행위
④ 간첩에게 음식물을 제공하는 행위

17회 모의고사 문제

01. 다음 중 국가정보학의 기능에 대한 설명 중 다른 것은?

① 국가정보활동의 이론적 체계와 학문적 지식을 구축하는데 유용하다.
② 정보활동에 정당성을 부여하지만 정보기관의 부정적 인식전환은 한계가 있다.
③ 정보의 정치화 이용을 차단하고 국익에 부합하도록 합리적인 비판을 할 수 있다.
④ 선진 정보기관의 조직과 시스템을 연구하고 도입하여 정보발전 향상에 기여한다.

02. 국가정보학의 연구방법 중에서 다음 설명에 해당하는 방법은?

> 과정적 접근이라고도 하며 국가정보 연구의 가장 대표적인 연구방법으로 보고 있다. 국가정보기관이 수행하는 정보수집 및 분석, 방첩, 비밀공작 등에 대한 연구를 통해 국가정보를 이해하는 데 유용하다.

① 기능적 접근
② 역사적 접근
③ 구조적 접근
④ 법률적 접근

03. 다음 내용 중 성격이 다른 하나는?

① 전투서열정보, 군단 작전계획
② 각급부대 전력구조, 전투준비태세
③ 전쟁 지속능력
④ 병력구성 및 배치

04. 최근 세계적인 이슈를 고려하여 다원적 안보의 개념에 대하여 설명한 내용 중 적절치 않은 것은?

① 군사안보 외에 사회, 정치, 생태안보 등 포괄적인 안보개념으로 다원화되어 가고 있다.
② 경제안보는 핵심기술 유출, 시장경제체제 혼란, 외화밀반출 등이 포함된다.
③ 신종감염병 등은 안보라기보다는 보건차원에서 실질적으로 국가가 관심을 갖고 집중적인 예방과 대책을 해야 한다.
④ 최근 사이버안보, 식량안보, 기후변화 등 다양한 다원적 안보의 구조로 확대되고 있다.

05. 다음 정보오류는 무엇인가?

고정관념이 강한 분석관이 처음 세운 가설이나 분석에 몰입하거나 자신의 생각과 배치되는 정보를 의식적으로 배척하고 자신이 옳다는 것을 반영하려고 노력하는 행태이다.

① 담합(상부상조)
② 인정된 견해
③ 인식론적 경직성
④ Layering

06. 다음의 인간정보 단계는 무엇인가?

정보를 알고 있는 유력한 대상자를 포섭하는 과정으로 정보수집 목표에 근접할 수 있는 주변지인이나 측근을 확보하는 단계이다.

① 첩보전달
② 첩보평가
③ 첩보수집
④ 출처개척

07. 다음 중 군사정찰기의 운용과 관련하여 고도개념이 적절치 않은 것은?

① 저고도: 8천피트 이하(2.4Km)

② 중고도: 1만피트~2만5천피트(3~7.6km)

③ 고고도: 2만5천피트 이상(8~25km)

④ 1피트는 0.3m이다.

08. 국가정보원장에 대한 설명 중 틀린 내용은?

① 국정원장은 대통령 직속의 독립된 국가정보기관장이다.

② 국정원장은 국가안보와 기밀유지를 위해서 대통령외 누구에게도 보고하거나 정보를 공유하지 않는다.

③ 국가정보원장은 국가안전보장에 관련된 국내외 정보를 수집·평가하여 NSC회의에 보고함으로써 심의에 협조하여야 한다.

④ 국정원장은 군사정보와 관련하여 국방부 장관 및 국방정보본부장과 협조한다.

09. 다음 출처보호와 관련하여 잘못된 내용은?

① 각 수집수단의 출처보호는 정보기관에서 반드시 지켜야 할 불문율이다.

② 출처의 노출은 수집망의 붕괴와 추가첩보를 차단당하는 결과로 이어진다.

③ 출처보호를 위해서 각정보기관은 구역 내에 출입을 엄격히 통제하며 자체기관 내에서도 인가자에게만 열람한다.

④ 출처보호를 위해서 타정보 기관과의 정보공유를 엄격히 금지해야 한다.

10. 다음 중 정보분석 9계명에 포함되지 않는 것은?

① 외부전문가의 조언이나 언론매체보도경향은 무시하라
② 정책입안자의 관심사항에 주목하라
③ 언어구사를 정확하게 하라
④ 정보판단은 사실과 신빙성 있는 제보에 근거하라

11. 비밀문서의 표식 중 문서표지와 관련하여 적절치 않은 것은?

① 문서 전·후면 표지와 매면 상·하단 중앙에 표시한다.
② 비밀등급을 달리하는 수개의 문서를 1건으로 편철 시 표지에는 최하의 비밀등급으로 표지한다.
③ 비밀등급의 표지는 적색으로 표시한다.
④ 비밀의 제목에 비밀내용이 표시되어서는 안 된다.

12. 다음 미국의 ODNI 산하부서 어느 곳을 설명한 것인가?

> 대량살상무기로부터 정부를 보호하기위해 정보공동체내의 비확산관련 정보그룹을 통합하며, 대량살상무기를 획득하려는 국가나 단체의 시도를 차단하는 임무를 수행한다.

① NCPC 　　　　　　　　② CTIIC
③ NCSC 　　　　　　　　④ NCTC

13. 다음 중 특수군사활동 사례에 해당되지 않는 것은?

① 알카에다 이라크지부장 알자르카위 폭사(2006년)
② IS창설지도자 바크르 알바그다디 은거지 습격, 도주하다 자살(2019년)
③ 9.11테러를 주도한 알카에다 빈라덴지도자 은거지 습격, 사살(2011년)
④ 이란군 혁명수비대 사령관 가셈솔라이마니 무인항공기로 폭사(2020년)

14. 다음 산업정보활동 추진 간 고려할 사항이 <u>아닌</u> 것은?
① 정보기관은 공개자료 등이 아닌 비밀성이 있는 경제 및 산업정보를 수집하는데 중점을 둔다.
② 노출 시 위험성이 있는 인간정보보다는 기술정보 수집수단을 적극 활용해야 한다.
③ 개별기업이나 특정한 기업을 지원하기 위한 정보수집 및 지원활동은 최소화해야 한다.
④ 외국의 국책사업이나 전략적 사업을 적극적으로 수집해야 한다.

15. 다음 중 국제사이버 협력체제가 <u>아닌</u> 것은?
① Tallin Manual
② 국제침해사고 대응협의회
③ MERIDIAN회의
④ Anonymous

16. 다음 중 정보기관과 정책부서를 설명한 내용 중 사실과 <u>다른</u> 것은?
① 정보기관은 상대국가로부터 국가이익과 국가안보를 위해 정보를 수집하고 적대세력의 위협으로부터 국가와 안전을 보호하는 데 목적이 있다.
② 정책부서는 국가정책을 집행하고 국민을 대상으로 대국민 서비스를 하는데 목적이 있다.
③ 정책부서는 효율적인 정책의 입안과 집행 등을 위해 정부의 정책결정과정에서 정보기관의 적극적인 개입을 요구하기도 한다.
④ 정보기관은 정책결정에 필요한 정보제공, 지원하는 것으로 임무가 제한된다.

17. 다음 중 한국과 및 미국이 협조 및 공조하는 정보 분야가 <u>아닌</u> 영역은?
① 인간정보
② 대정보
③ 영상정보
④ 신호정보

18. 다음 러시아의 연방정보통신국(FAPSI)에 대한 설명으로 다른 것은?
   ① 2004년 연방경호부로 흡수·통합된 러시아 부문정보기관이다.
   ② 세계를 상대로 신호정보를 수집하나 국내 감청 및 도청을 통해 반대세력 추적 감시에 활용하고 있다.
   ③ 정보기관이면서 러시아 전자금융 및 증권거래, 전자암호체계를 관리하기도 한다.
   ④ 대통령 소속으로 국가정보기관이다.

19. 다음 중 미국의 정보기관 및 정보공동체의 발전에 영향을 준 사건들이 아닌 것은?
   ① 걸프전쟁
   ② 한국전쟁
   ③ 워터게이트-이란콘트라 사건
   ④ 9.11테러

20. 다음 중 한국 중앙정보부 창설시 지원 및 참여한 주체들이 아닌 것은?
   ① 미국 CIA한국지부
   ② 장면 정부 중앙정보연구위원회
   ③ 육군본부 정보국
   ④ 방첩부대, 헌병대

21. 최근 한국군이 개발한 3대 전략무기 중의 하나는 무엇인가?
   ① 도산 안창호급 잠수함
   ② 현무-4 미사일
   ③ SLBM
   ④ 아나시스-2호

22. 다음 중 국가안전보장회의(NSC)에 참석하는 국무위원 및 직책이 아닌 것은?
   ① 국가안보실장
   ② 합참의장
   ③ 외교부장관
   ④ 통일부장관

23. 다음 중 주한미군사령관의 겸직 직책이 <u>아닌</u> 것은?
① 한-미연합군사령관　　　　　② UN군사령관
③ 구성군(육·해·공군)사령관　　④ 주한미군 선임 장성

24. 다음 중 국정원이 국가정보기관으로의 독립적인 발전과 위상을 유지하기 위한 노력들이 <u>아닌</u> 것은?
① 국정원장의 정치적 인물 임명 배제
② 국회 정보위원회를 통한 수시 정보개혁 및 발전
③ 정권교체 후 책임소재 규명 및 규정위반자 처벌
④ 세계정세에 대응한 정보보직 및 기능의 개혁, 변화추구

25. 현재 전세계적인 코로나상황에서 정보기관이 국가이익을 위해 수행할 수 있는 임무 중 다른 것은?
① 백신의 안정적 확보를 위한 백신제조국 및 제조업체 추적, 생산량 등 실태를 수집분석 후 지원
② 코로나의 변이 바이러스에 의한 감염국가 및 감염실태 조사, 추적하여 지원
③ 각국의 코로나 대처상황과 효율적인 대처방법 등을 추적하여 분석 및 관련부처 제공
④ 세계각국의 코로나 감염확진자 및 사망자 추적 및 확인

18회 모의고사 문제

01. 다음 중 국가정보학의 발전이 타 학문에 비하여 늦었던 이유가 <u>아닌</u> 것은?
① 권위주의나 독재정부에서는 국가정보를 정권유지에 이용하다보니 국가정보학의 연구를 통제하고 제한하였다.
② 국가정보학이 학문으로서 받아들여진지 타학문에 비해 얼마 되지 않아서 연구자가 부족한 부분도 있다.
③ 국가정보학의 속성상 비밀로서 공개가 제한되고 자료가 부족하였다.
④ 국가정보학에 대한 특별한 지식과 전문성이 요구되어 전문가들의 연구가 부족했다.

02. 다음 중국의 사이버전 및 전자전을 담당하는 정보기관 및 부대가 <u>아닌</u> 것은?
① 연합참모부 제4부
② 제 61389부대
③ 연합참모부 제3부
④ 제 61486부대

03. 다음 사이버공격의 특징이 <u>아닌</u> 것은?
① 익명성
② 감염성
③ 잠복성
④ 은밀성

04. 다음 중 북한의 테러사건 순서가 맞는 것은?

> ㉠울진삼척 무장공비침투　㉡강릉잠수함침투
> ㉢대한항공납북사건　㉣김정남 암살

① ㉠-㉢-㉡-㉣　② ㉠-㉡-㉢-㉣
③ ㉢-㉣-㉠-㉡　④ ㉢-㉡-㉣-㉠

05. 다음 북한의 정보기구는 어느 기관인가?

> 당의 정보기관으로 사회문화부로 시작하여 역사가 길다. 간첩을 양성하여 남파하며, 남한 내 지하당을 구축하는데 주력하고 있다. 아울러 남한내 고정간첩 및 친북세력을 확장하고 조종하는 대남공작기관이다.

① 통일전선부　② 문화교류국
③ 국가안전보위성　④ 정찰총국

06. 다음 산업정보와 관련하여 아래의 기관으로 잘 연결된 것은?

> ㉠국가핵심기술 관리 및 지원, 산업기술 분쟁 조정 지원
> ㉡국가핵심기술 해외유출 방지 및 유출범죄 수사

① ㉠한국산업술보호협회-㉡방첩사
② ㉠한국산업술보호협회-㉡국가수사본부
③ ㉠국가정보원 산업기밀보호센타-㉡국정원
④ ㉠국가정보원 산업기밀보호센타-㉡국가수사본부

07. 다음 중 이스라엘 군 정보기관인 AMAN에 대한 설명 중 다른 것은?
① 항시 전시상황으로 전쟁에 대비하여 국가차원으로 정보지원에 책임을 지며 국방장관의 통제도 받지만 필요시에 총리의 통제도 받는다.
② 군정보기관이면서도 세계정치정보도 수집하며, 국가정보판단서의 작성하고, 세계정세 동향 등을 생산하여 총리와 내각에 보고하고 지원한다.
③ ANMAN의 정보활동은 인간정보 위주로 수집한다.
④ 1973년 욤키푸르전쟁시 이집트와 시리아군의 기습공격을 미리 예측하지 못하였으며, 이것이 가장 큰 정보실패사례로 남고 있다.

08. 다음 설명하는 테러단체는 무엇인가?

> 소련군의 침공시 반 소련항쟁을 벌였으며, 산악지대에 은거하여 테러활동을 벌이다가 집권 후 언론, 종교, 여성인권탄압으로 악명 높은 무장단체이다.

① 헤즈볼라 ② 무자헤딘
③ 알카에다 ④ 탈레반

09. 다음 한국의 국회 정보위원회에 대한 설명으로 적절치 않는 것은?
① 정보위원회는 비공개가 원칙이나 국민의 알권리가 필요하다고 판단될 때에는 위원장의 요청에 따라 언제든 공개할 수 있다.
② 정보위원회는 1994년도에 최초로 설치, 12명으로 구성되어 있다.
③ 정보위원회의 모든 회의는 비공개가 원칙이나 재적위원 2/3이상 의결시 국정원장은 해당 자료를 공개해야 한다.
④ 정보위원회는 원내교섭단체만이 위원이 될 수 있다.

10. 다음 중에 한국이 가입한 경제 및 안보공동체는 무엇인가?
    ① AUKUS
    ② Quad
    ③ IPEF
    ④ CPTTP

11. 2023년도에 미국이 동맹국까지 정보를 수집한 것이 미 주방위군 소속의 일병에 의한 노출되었다. 이와 관련하여 미국의 해외정보감시법에 대한 설명 중 적절치 않은 것은?
    ① 미국에서 활동하는 외국정보요원, 테러 및 간첩활동이 의심되는 미국인에 대한 감청, 영장심사를 의무화한 법이다.
    ② 외국정보감시법원에 긴급한 상황을 통보한 후 정당성이 입증되면 내국인, 외국인 등을 무제한 감시 및 도청할 수 있다.
    ③ NSA가 테러용의자 등 외국인이 국외에서 주고받은 이메일, 휴대전화, 통화메세지 등을 영장없이 수집하도록 하고 있다.
    ④ 정보할동이 미국을 보호하는데 필요한 경우 법무부장관의 승인 후 대통령의 허가를 받아 1년 동안 법원의 영장없이 통신감청이 가능하다.

12. 다음 중 비밀공작에 대한 설명으로 옳지 않은 것은?
    ① 비밀공작은 미국에서 특별활동, 러시아는 적극조치, 이스라엘은 특별임무라는 명칭으로 사용하고 있다.
    ② 비밀공작은 대상국의 정책결정과정에 영향력을 행사하여 자국에 유리한 방향으로 유도한다.
    ③ 비밀공작은 배후를 은폐하는 비밀활동이다.
    ④ 비밀공작은 자국의 대외정책을 적극적으로 관철될 수 있도록 다른 수단보다 우선적으로 실행한다.

13. 다음 중 정보기관을 통제하기 위해서 행정부에서 실시한 위원회는 무엇인가?
   ① 록펠러위원회
   ② 이노우에-해밀턴위원회
   ③ 아스핀-브라운위원회
   ④ 처치위원회

14. 다음에서 정보분석관의 오류에 해당하는 것은?

(ㄱ) 미러이미지	(ㄴ) 집단사고
(ㄷ) 고객과신주위	(ㄹ) 정보분석의 정치화

   ① (ㄱ)-(ㄷ)   ② (ㄱ)-(ㄴ)
   ③ (ㄴ)-(ㄱ)   ④ (ㄴ)-(ㄷ)

15. 다음 인간정보요원에 대한 설명 중 틀린 것은?
   ① 정보원과 협조자는 정보관의 정보수집을 도와주는 사람이다.
   ② 비공직가장은 다양하고 광범위한 대상자와 접촉이 가능하며, 수집된 첩보를 안전한 방법으로 본국에 보고하는 경우에도 용이하다.
   ③ 공직가장은 주재국 정부관리나 다른 외교관의 접촉이 용이하다.
   ④ 정보관은 정보기관의 정식요원으로 정보원과 1:1 수직관계를 유지한다.

16. 다음 중 보기에 없는 비밀공작 형태는 무엇인가?

> ㉠ 대상국의 군사력을 동원하여 직접적인 군사공격을 단행하는 행위이다.
> ㉡ 대상국의 경제정책을 자국에 유리하도록 영향력을 행사하며 파업을 유도하기도 한다.
> ㉢ 자국에 대한 상대국의 지지자, 동조자를 확보하기 위한 목적으로 자국의 여러 분야를 전파한다.
> ㉣ 상대국의 정치에 은밀하게 개입하여 자국에 유리한 방향으로 조성한다.

① 준군사공작
② 경제공작
③ 전복공작
④ 선전공작

17. 다음 중 미국 ODNI의 분석관이었던 마이클 워너가 주장한 정보의 정의에 포함되지 않는 것은?

① 정보는 적대세력의 영향을 완화시켜준다.
② 정보는 적대세력에게 영향을 준다.
③ 정보는 비밀스러운 것이다.
④ 정보는 비밀로서의 큰 가치가 있다.

18. 다음 중 통합형과 분리형 정보기구의 장·단점에 대한 설명을 순서대로 잘 배열한 것은?

> ㉠ 업무의 효율성을 가져 올 수 있다.
> ㉡ 정보기관에 대한 견제가 부족, 권력집중이 심화 될 수 있다.
> ㉢ 정보기관간 상호 과도한 경쟁으로 발전 할 수 있다.
> ㉣ 배타적 속성으로 정보공유 및 협력이 미흡할 수 있다.

① 분리형-통합형-통합형-분리형
② 통합형-분리형-통합형-통합형
③ 통합형-통합형-분리형-분리형
④ 통합형-분리형-분리형-통합형

19. 다음 중 정보생산자와 정보소비자에 대한 설명 중 적절치 <u>않은</u> 것은?

① 정보생산자는 정보를 생산하는 정보기관이나 정부부처가 해당된다.
② 정보소비자는 정책을 결정하는 정책결정자들이 해당된다.
③ 정보생산자는 정보소비자가 필요한 시점에 배포해야 하는 적시성의 불확실성이 있다.
④ 정보생산자는 분석과정에서 개인적 편견과 집단적 편견을 최소화하고 주관성을 유지해야 한다.

20. 다음 중 한국의 NSC에 관한 내용 중 틀린 것은?

① NSC는 대통령 직속의 외교 및 안보분야의 최고위급 회의체로서 헌법기관이다.
② 대통령이 의장이며, 필요시 국무총리로 하여금 그 직무를 대행 할 수 있다.
③ 위원회 구성은 국가안전보장회의법에 명시된 6명의 위원과 대통령이 정하는 6명 등 총 12명이다.
④ 대통령은 NSC회의간 필요시 정보업무나 기타 수집지시를 국정원장에게 지시할 수 있다.

21. 다음 중 정보통제에 관한 내용으로 ( )안에 적절한 용어는?

> -정보통제는 입법부, 행정부, ( )통제가 있다.
> -이것의 ( )를 따져보기 위해 국내수집과정에서 불법여부, 해외에서도 국가의 평판과 정당성을 심각하게 훼손하는지를 확인한다.
> -이것의 ( )를 따져보기 위해 예산, 조직의 운용 등이 정보활동을 제대로 수행하는데 효율적인가를 검토한다.

① 언론-합법성-효율성　　　　　　② 감사원-합법성-적절성
③ 언론-합법성-적절성　　　　　　④ 언론-적절성-합법성

22. 다음 최근의 신(新)국제질서 및 각국의 변화에 대한 설명으로 적절치 <u>않은</u> 것은?

① 러시아의 우크라이나 침공이후 미국과 서방국가가 러시아와 대결하는 양상과 달리 중국이 틈새를 노려 자국의 입지를 강화하고 영향력을 행사하기 위해 독자적 행보를 강화하고 있다.
② 각국들이 자국의 군사력을 강화하면서 외교 적인 독립과 안보적으로도 독립적인 활동을 지향하고 있다.
③ 자유진영 국가들 간에도 경제면에서는 철저하게 국가이익 우선주의를 선택하는 등 독자적인 행보를 추진하고 있는 추세이다.
④ 유럽내 국가들이 안보동맹체의 중요성을 인식, EU가입의 추진과 NATO의 가입을 적극적으로 추진하고 있다.

23. 정책결정과정에서의 정보의 기능에 대하여 옳지 <u>않은</u> 것은?

① 국가정보는 정책계획단계에서 정책수립과 조정의 필요성이 있거나 정책수립 추진간의 한계 또는 문제점을 검토한다.
② 국가정보는 정책결정단계에서 국력의 효과적인 사용과 미래상황을 예측하여 효과적인 선택을 할 수 있는 기회를 제공함에 있어서 필요시 유용한 정책을 선택하는데 직접 관여 한다.
③ 국가정보는 정책수립의 환경진단에서 안보취약성을 진단하고 적국에 대한 위협 등을 평가한다.
④ 국가정보는 정책의 집행 및 평가단계에서 정책집행시기를 판단하고 성과와 문제점을 대한 정보제공으로 정책과정의 환류를 지원한다.

24. 다음 중 성격이 다른 정보기관은?
   ① FAPSI
   ② ASIO
   ③ CSE
   ④ GCSB

25. 다음 설명하는 미국의 정보기관 부서는 무엇인가?

   > 정보와 정책공동체간의 핵심적인 교량역할을 수행하며, 정보공동체간의 협업을 촉진한다. 또한 NIEs를 작성하고 PNIO를 결정하는 핵심부서이다.

   ① NIMC
   ② JICC
   ③ NIC
   ④ NCTC

19회   모의고사 문제

01. 2023년 윤석열 대통령의 방미를 통한 한·미정상회담에서 합의된 핵 확장억제 조치내용과 적절치 않은 것은?
① 한·미정상회담에서 '워싱턴선언'을 통해서 한·미간 북한핵의 확장억제방안을 종전의 확장억제전략협의체(EDSCG)보다 한 단계 격상시켰다.
② 한·미 핵협의그룹(NCG)를 신설하여 한반도에 중대한 사태발생시 미국의 전략자산 사용계획을 공유하도록 하였다.
③ 한국에 미국의 전술핵 및 전략자산을 상시적으로 배치하도록 합의하였다.
④ 한반도에서 핵무기 사용결정권한 및 작전기획은 미국이 담당하도록 하였다.

02. 다음 국가정보와 정책과의 관계이론중에서 적절치 않은 것은?
① 전통주의는 정보가 정책결정과정에서 반드시 거리를 두어야 한다고 주장하였다.
② 셔먼켄트, 마크로웬탈 등 학자들이 전통주의를 주장하였으며, 현용정보를 중시하고 정보의 소극적인 지원을 강조하였다.
③ 행동주의는 정보와 정책은 밀접한 공생관계이기에 상호 밀접한 관계유지가 필요하다는 논리이다.
④ 행동주의는 수집된 내용에 대한 판단정보보다는 현용정보를 중시하였다.

03. 다음 중 '국방혁신 4.0'의 주요 내용에 대한 설명 중에 관련이 없는 것은?

① 제2창군 수준의 국방혁신 4.0을 추진하여 AI과학기술 강군을 육성한다.
② 한국형 전력증강 프로세스를 정립하여 킬체인, 한국형 미사일방어체계, 대량응징보복전력 등 3축체제 능력을 확보한다.
③ 한·미 군사동맹 결속력을 강화하고 한·미연합 야외기동훈련을 강화한다.
④ 국방혁신 4.0의 표어는 튼튼한 국방, 한·미동맹강화이다.

04. 다음 중 정보조직의 오류형태가 아닌 것은?

① 인식론적 경직성
② 인질담보(False Hostage)
③ 부·처이기주의
④ 정보분석의 정치화

05. 다음 중 비밀정보보고서 배포 기술은 무엇인가?

> 최근 북한 문화교류국 공작원이 한국 내 고정간첩 및 포섭된 자들에게 전하는 비밀공작 지령문을 사진, 편지글, 기타 다른 매체에 메시지를 숨겨서 전달하는 이 방법을 가장 많이 사용하였다.

① Steganography
② Brush pass
③ Cyber Devke
④ Dead Drop

06. 다음 중 군사 1급비밀 취급 지정권자가 <u>아닌</u> 직책은?
  ① 방위사업청장
  ② 합참차장
  ③ 공군작전사령관
  ④ 국군정보사령관

07. 다음 중 한국의 국가안전보장회의에 대한 설명으로 적절치 <u>않는</u> 것은?
  ① 국가안전보장회의는 대외정책, 군사정책, 국내정책의 수립에 관하여 국무회의의 심의에 앞서 대통령의 자문에 응하기 위하여 둔다.
  ② 대통령 등 6명과 대통령이 정하는 5명 등 11명으로 구성되나 필요시 관계부처의 장관이나 합참의장 등이 참석할 수 있다.
  ③ 대통령은 상임위원회를 두며, 상임위원장은 대통령실 비서실장이다.
  ④ 국가안전보장회의는 비공개를 원칙으로 하고 의결내용은 공개할 수 있으며, 재적위원 2/3 이상의 출석과 출석위원 과반수의 찬성으로 의결한다.

08. 다음 중 정보기관과 정책부서에 대한 설명으로 적절치 <u>않은</u> 것은?
  ① 정보기관이 정책결정과정에 관여하게 될 경우 정보의 객관성이 훼손될 수 있어 직접적인 개입이나 관여는 적절치 않다.
  ② 정보기관은 국가안보적 차원에서 정책부서가 결정하지 못하는 사안에 대하여 신속하게 결정하도록 필요시 대의차원에서 개입이 필요하다.
  ③ 정책부서는 국가정책을 결정하고 집행하며 일반국민을 대상으로 효율적인 대국민서비스를 하는데 목적이 있다.
  ④ 정보기관은 상대국가로부터 국가이익과 국가안보를 위하여 정보를 수집하고 적대세력 위협으로부터 국가의 안전을 보호하는데 목적이 있다.

09. 다음 중 미국의 DIA 예하기관중 레이더정보, 음향정보, 핵 및 화학정보 등을 전문적으로 담당하며 관련정보의 수집을 지시, 운용 및 분석하는 부서는?

① 국방비밀작전국(DCS)
② 분석국(DA)
③ 국방방첩보안국(DCSA)
④ 과학기술국(DST)

10. 다음 중 마크 로웬탈이 비밀공작 관련한 이론 중에서 바르게 연결된 것은?

① 제3방안-비밀공작
② 제1방안-무력시위
③ 제2방안-전면전
④ 제4방안-군사적 개입

11. 다음 중 북한이 2000년대 이후 저지른 테러 및 도발행위가 <u>아닌</u> 것은?

① 황장엽 암살조 파견
② 천안함 폭침
③ 이한영 암살
④ 김정남 암살

12. 다음 중 각국의 정보업무를 조정·통제하는 기구로 연결된 것 중에서 적절치 <u>않는</u> 것은?

① 영국-합동정보위원회(JIC)
② 중국-당·군정법위원회
③ 독일-국가정보위원회
④ 미국-합동정보공동체위원회(JICC)

13. 다음 미국 전략사령부가 선정하고 있는 3대 핵전략자산에 포함되지 않는 것은?

① 화학무기
② 핵잠수함 SLBM
③ 전략폭격기
④ ICBM

14. 다음에서 설명하는 경제협력체는 무엇인가?

> 2021년 미국주도의 인도·태평양지역의 경제협력체로서 한국 등 14개국이 참여하여 발효되었다. 대중 견제전략으로 핵심전략산업의 안정적인 공급망 구축, 역내국가 공동전선을 구축하여 대중견제의 목적이 있다. 2023년 5월 29일 요소수·광물 등에서 무기화한 중국에 대하여 14개국이 탈중국화를 선언하고 상호 공급하도록 최초로 합의하였다.

① 인도·태평양 프레임워크(IPEF)
② 포괄적·점진적 환태평양 동반자협정(CPTTP)
③ 역내 포괄적 경제동반자협정(RCEP)
④ 환태평양 경제동반자협정(TPP)

15. 다음 중 아시아에서 최초로 마약을 합법화한 국가는?

① 싱가포르
② 태국
③ 말레이지아
④ 인도네시아

16. 다음 중 국가부문정보기관이 <u>아닌</u> 것은?
   ① FBI
   ② NRO
   ③ NGA
   ④ DEA

17. 다음 중 한국군의 보안업무에 관한 설명 중에 가장 적절하게 설명한 것은?
   ① 한국군의 보안업무는 방첩사가 전군의 보안업무를 담당하며 최종 책임을 진다.
   ② 한국군의 보안업무는 국방장관을 대신하여 국방정보본부장이 최종책임을 지며, 국방부 및 각 군별 보안사고시는 방첩사가 최종 책임을 진다.
   ③ 방첩사는 군에 대한 보안업무 개선사항 및 각종 보안프로그램 연구, 보안사고 예방 및 대책을 강구하며, 보안사고시 조사를 담당하는 등 군에 대한 보안업무를 전반적으로 지원하는 기관이다.
   ④ 각 군의 각 제대별로 보안업무를 담당하나, 보안에 대한 최종적인 책임은 방첩사 파견부대에 있다.

18. 다음 중 한국 국가수사본부에 대한 설명 중 다른 것은?
   ① 국가수사본부는 대공수사, 사이버범죄 및 사이버테러 수사, 산업경제 및 반부패 공공범죄 수사 업무를 전담한다.
   ② 국가수사본부장은 독립적인 기관으로 대통령의 지휘를 받는다.
   ③ 국가수사본부는 경찰청장 지휘를 받으며, 독립기관임에도 인사권, 예산권, 수사정보 수집 기능이 없는 취약점이 있다.
   ④ 일반경찰과 수사경찰을 분리하여 전문화 차원에서 독립시켰으며, 점차 발전을 추진 중에 있다.

19. 다음 중 한국의 각 위원장을 연결한 것 중에서 적절치 않는 것은?
① 국가대테러대책위원장-국무총리
② 산업기술보호위원장-산업통상자원부장관
③ 방위산업기술보호위원장-국방부장관
④ 국가방첩전략회의의장-국가안보실장

20. 다음 중 ODNI의 예하부서 및 기관이 아닌 것은?
① NIMC
② NCSC
③ JICC
④ PDB Staff

21. 다음 중 설명하는 북한의 정보기관은 어느 기관인가?

> 2022년 이후 국정원·검찰·국가수사본부의 합동수사를 통해서 국내 전교조·민노총, 자주통일 민중전위 등 다수의 시민단체, 진보당 간부 등 반정부 단체 및 반정부성향 인물 등을 대상으로 무차별적으로 침투하여 포섭한 후 각종 반정부 및 간첩 비밀지령을 내리고, 공작금을 지원하며, 일부 간부들에게 김정은에 대한 충성맹세를 받는 등 각종 대남공작을 획책하는데 주력하고 있다.

① 정찰총국
② 통일전선부
③ 국가안전보위성
④ 문화교류국

22. 다음 중 인간정보 수집요원이 아닌 것은?
① 해외 주재원
② 공직가장
③ 첩(정)보원
④ 흑색요원

23. 다음 한국의 정보기관 통제를 위한 정보위원회에 대한 설명 중 사실과 다른 것은?
① 정보위원회의 모든 회의는 비공개로 진행되며 회의내용은 의원이 개별적으로 공개하거나 누설할 수 없다.
② 정보위원회는 국정원의 예산심사를 비공개로 하나, 의원들이 합의하에 필요시 국정원의 예산내역을 공개하거나 누설할 수 있다.
③ 정보위원회는 국회상임위원회 형태로 1994년 최초로 구성되었다.
④ 정보위원회는 원내교섭단체를 구성한 당에서만 선임되어 12명으로 구성되며 임기는 2년이다.

24. 다음 설명하는 정보기관은 무슨 정보기관인가?

> 세계에서 유일하게 핵개발 추진, 핵시설 및 프로그램, 핵과학자 보호 등 전반적인 핵과 관련된 정보 및 보안업무를 담당하는 기관이다.

① VEVAK
② 오하브2
③ AMAN
④ SAVAMA

25. 다음 1급 비밀취급 인가권자가 아닌 직책은?
① 고위공직자범죄수사처장
② 국민권익위원회 위원장
③ 국가수사본부장
④ 검찰총장

20회 모의고사 문제

 정답 및 해설 268p

01. 러시아의 우크라이나 침공으로 인하여 재편된 신국제질서에 대한 설명 중 다른 것은?

① 유럽국가들은 러시아의 침공으로 군사력강화와 안보동맹의 중요성을 깨닫고 EU의 가입추진, NATO의 가입 등을 적극 추진하고 있다.
② 중립국가 중에 핀란드만 NATO에 가입하였다.
③ 신국제질서는 NATO국가-미국-서방국가와의 안보유대를 강화시켰고, 반대로 침략국인 러시아-중국-북한-이란 등 권위주의 및 독재국가들 간의 분명한 질서로 재편되었다.
④ 유럽국가중에서 가장 강력하게 군사력을 개선 및 증강하고 있는 국가는 폴란드이다.

02. SRI에 대한 설명으로 잘못된 것은?

① 정책부서에서 정책수립이 요구되는 사안에 대하여 필요시 언제든지 정보기관에 요구할 수 있다.
② SRI는 OIR에 입각해서 하달될 수 있다.
③ 하달시 정보수요 발생 배경, 보고기한 등을 명시해야 한다.
④ EEI를 지침으로 하여 작성되는 것은 아니다.

03. 다음 중 '국방혁신 4.0' 과 관련이 없는 내용은?

① AI기반의 유·무인 복합전투체계로 단계별 전환
② 한국형 전력증강 프로세스 정립
③ 초급 군간부의 복지분야 확대
④ 한·미군사동맹 결속력 강화

04. 정보요구의 3가지 경로가 아닌 것은?
① 타 정보기관
② 정책부서
③ 정보생산부서
④ 국내 방위산업체

05. 징후계측정보(MASINT)에 해당되지 않는 것은?
① 전자정보
② 레이저정보
③ 해저정보
④ 적외선정보

06. 다음 비밀분류의 원칙이 아닌 것은?
① 과도 및 과소분류 금지
② 내용 및 가치에 의한 분류
③ 외국비밀시 접수부서 보호기간 변경
④ 비밀점검 원칙

07. 다음 비공식가장 요원과 관련이 없는 것은?
① 시민단체 환경운동가
② 대사관 직원
③ 언론사 기자
④ 흑색요원

08. 다음 중 정보수집 출처가 다른 하나는?

> 가. 북한의 대륙간 탄도미사일(ICBM) 발사와 관련하여 레이더활동 등 활동징후를 입수하여 발사여부를 파악한다.
> 나. 지상 해군기지와 잠수함간의 특정한 정보전송량을 추적하여 잠수함 위치와 활동을 확인한다.
> 다. 영국은 독일 외무상 짐머만이 멕시코주재 대사에게 보낸 전문을 입수하여 미국에 제공, 미국의 제1차 세계대전에 참전을 유도하였다.
> 라. 핵폭발로 인한 동위원소 물질의 징후를 포착하여 분석하며 대량살상무기의 확산을 감시하기 위해 사용되고 있다.

① 가
② 나
③ 다
④ 라

09. 한국의 국가 대테러 1급부대가 아닌 것은?

① 공군 공정통제사부대(CCT)
② 24특수화생방임무대대
③ 해양경찰특공대(SSAT)
④ 경찰특공대(KNP-SOU)

10. 사이버 테러에 해당되지 않는 것은?

① 자료유출 및 파일삭제
② 웜바이러스
③ 개인정보 침해
④ 트로이목마

11. 한국의 비밀분류에 적합하지 <u>않은</u> 것은?
   ① 1급 비밀 : 국가의 방위계획·정보활동, 국가방위에 반드시 필요한 과학과 기술의 개발을 위태롭게 하는 등의 우려가 있는 비밀
   ② 2급 비밀 : 누설시 국가안전보장에 막대한 해를 끼칠 우려가 있는 비밀
   ③ 3급 비밀 : 누설시 국가안전보장에 해를 끼칠 우려가 있는 비밀
   ④ 대외비 : 직무수행상 특별히 보호가 필요한 사항

12. 다음 중 국정원의 예하기관이 <u>아닌</u> 것은?
   ① 국가사이버안보센터
   ② 테러정보통합센터
   ③ 대테러센터
   ④ 산업기밀보호센터

13. 다음 중 활동지역별 성격이 다른 하나는?
   ① DGSE
   ② BND
   ③ Mossad
   ④ SAVAK

14. 다음에서 설명하는 정보기관은 무엇인가?

   > 1922년 창설되어 역사가 깊고 과거 KGB와 함께 소련 정보기관의 양대축이었다. 자체적으로 기업을 운영하며, 무기매각 등 경제활동도 수행한다. 아울러 서방국가 하이테크 과학 및 산업기술관련 정보수집도 담당한다.

   ① FAPSI
   ② SVR
   ③ GRU
   ④ FSB

15. 전세계에 공자학원을 세워서 중국공산당에 대한 홍보와 중화사상을 세뇌교육하고 있는 중국의 정보기관은?

① 국가안전부　　　　　　　　② 대외연락부
③ 공공안전부　　　　　　　　④ 통일전선공작부

16. 다음 중 명확한 국가정보기관이 <u>아닌</u> 것은?

① FBI　　　　　　　　　　　② CIRO
③ SVR　　　　　　　　　　　④ NIS

17. 다음 중 한국군 정보기관에 대한 설명 중 다른 것은?

① 한국군의 정보기관은 국방장관이 국방정보본부장을 통하여 정보수집기관을 조정 및 통제토록 하였다.
② 한국군의 정보기관은 군사정보수집기관과 방첩보안기관으로 구분한다.
③ 방첩사령부는 군의 방첩수사 및 군사보안에 대한 업무지원을 하며, 합참의장의 지휘를 받는다.
④ 한국군의 군사정보기관중 국가차원의 군사정보를 수집하는 정보기관은 정보사령부와 777사령부가 있다.

18. 다음 중 국제범죄 조직간의 연대가 <u>아닌</u> 것은?

① 멕시코 카르텔-미국 마피아
② 이탈리아 마피아-남미 코카인 밀매조직
③ 일본야쿠자-이탈리아 마피아
④ 대만범죄조직-중국 삼합회-한국 범죄조직

19. 다음 중 특수군사활동에 대한 설명 중 다른 것은?
① 정규군이 작전을 주도하지만, 필요시 정보기관이 수집된 정보로 작전을 주도하는 경우도 있다.
② 정규군이 작전을 주도하고 정보기관은 작전에 필요한 정보만을 지원한다.
③ 전쟁을 감수하고 자국의 특수부대를 동원하여 공개적으로 작전을 수행하는 군사행위이다.
④ 최근에는 테러와의 전쟁간 테러지도자 제거 작전 등을 시행하고 있다.

20. 다음 중 공작원의 신분보호방법이 아닌 것은?
① 각종 휴대장비 및 물품 출처보호
② 신분증 위조
③ 성형수술
④ 신분노출시 자살

21. 다음 중 설명하는 북한의 발사체는 무엇인가?

> 2023년 5월 31일 북한이 야심차게 발사하였으나, 추진력을 상실하면서 실패하여 한국 서해상에 추락하였다. 북한은 노동당 중앙위원회 8차 전원회의(6.16~18일)에서 군사정찰위성 발사 실패가 '가장 엄중한 결함'으로 꼽혔다고 발표하였으며 다시 재발사를 예고하고 있다.

① 민간광학 위성
② 군사정찰 위성
③ ICBM
④ 탄도미사일

22. 다음 미국 정보기관에서 운영하는 제도는 무엇인가?

> ODNI 및 DIA에서 정보수집간 사각지대를 최소화하고 주요 국가정보목표에 대하여 각 정보기관간의 임무를 조율하고 책임을 강화하기 위해 운용하는 제도이다.

① 분석가집단(RASER)
② 정보매니저(Intelligence Manager) 제도
③ 정보조정관(Mission Manager) 제도
④ 정보조정통제관 제도

23. 다음 중 한국의 국가정보체계 발전을 위한 내용과 거리가 먼 것은?

① 국가정보체계의 효율성 제고를 위해서 해외와 국내로 정보기관을 분리하여 조직의 활성화가 필요하다.
② 군사첩보위성 등 정보수집자산을 확대하여 선진정보 인프라를 구축시키고 독자적인 정보 감시역량을 우선적으로 강화해야 한다.
③ 국가정보체계의 민주화를 실천하고 국민적 신뢰를 더욱 증진시켜야 한다.
④ 국민들의 정보욕구를 충족시키되 민간부분의 정보연구활동은 국가보안차원에서 필요시 제한을 두어야 한다.

24. 평시 위기관리에 필요한 정보와 거리가 먼 것은?

① 적국 및 주변국, 기타국가에 대한 정세 동향
② 적국의 일상적인 동향, 주민들의 특이동향
③ 적국의 전쟁 징후, 기타 특이한 군사동향
④ 적국의 대외정책에 대한 각종 정보

25. 다음 중 한국이 가입한 경제협력체는?

① IPEF-RCEP
② TPP-IPEF
③ CPTTP-RCEP
④ RCEP-TPP

21회 모의고사 문제

01. 다음 인도·태평양지역은 안보협의체에 대한 설명 중 적절치 않은 것은?
    ① 오커스에서 미국과 영국은 호주에 핵잠수함 개발을 공동으로 지원하도록 하였다.
    ② 인도·태평양지역의 안보협의체 창설배경은 중국의 팽창정책에 대응하기 위해 미국과 인도·태평양지역 국가간에 대응정책을 강화하기 위해 만들어 졌다.
    ③ 오커스는 국방과 외교정책 등의 교류는 물론 첨단기술분야 등도 공동으로 논의한다.
    ④ 쿼드에 참여하는 국가는 미국, 호주, 영국, 인도이다.

02. 다음 Intelligence와 Information의 설명 중 다른 것은?
    ① Intelligence나 Information이나 모두 정보분석 및 평가에 매우 중요한 요소들이다.
    ② Information는 뉴스·기사 등으로 볼 수 있으며, 필요시 분석 및 평가된 내용들이 이 범주에 포함 될 수도 있다.
    ③ 정보기관에서 일반적으로 적용하고 사용하는 것이 Intelligence이다.
    ④ Intelligence는 정보기관에서 수집하고 분석하여 검증한 지식을 말한다.

03. 다음 국가정보의 분류 중 잘못된 것은?
    ① 대상지역에 따라 국내정보와 해외정보로 구분한다.
    ② 사용목적에 따라 정책정보와 안보정보로 구분한다.
    ③ 요소에 따라 인간정보, 기술정보 등으로 구분한다.
    ④ 사용자에 따라 국가정보와 부문정보로 구분한다.

04. 현재 우리나라 정보기구에 대한 설명 중 틀린 것은?
① 방첩사령부는 군방첩 수사 및 보안업무를 지원하며, 안보지원사에서 명칭이 변경되었다.
② 사이버작전사령부는 2009년 북한의 DDos공격을 계기로 2010년 창설되었다.
③ 국방정보본부는 국방부의 군사정보 및 군사보안에 관해 책임지며 군사정보 전반을 관장한다.
④ 정보사령부는 군사정보는 물론 민간 정보도 수집한다.

05. 2023년 10월 이스라엘을 상대로 기습공격을 실시한 무장단체는?
① 탈레반
② 헤즈블라
③ 알카에다
④ 하마스

06. 다음 인간정보와 기술정보의 차이점에 대한 내용 중 다른 것은?
① 기술정보가 인간정보에 비하여 첩보수집이 용이하지만 비용이 상대적으로 많이 소요된다.
② 인간정보는 첩보의 신뢰성에서 기술정보보다 우선한다.
③ 기술정보는 인간정보 수집원이 접근할 수 없는 곳에 대해 원거리의 첩보도 수집이 가능하다.
④ 인간정보로 수집되는 내용은 타 출처에 비해서 상대방의 의도까지 파악할 수 있다.

07. 우리나라의 1급비밀취급 인가권자가 아닌 것은?
① 국가수사본부장
② 각 부·처의 장관
③ 감사원장
④ 국무총리

08. 민주주의와 국가정보활동에 대한 설명 중 다른 것은?

① 민주주의나 국가정보는 중앙집중형 활동을 원칙으로 해야 한다.
② 민주주의와 국가정보활동은 자유와 민주주의적 가치를 전제로 한다는 점에서 공통점 있다.
③ 민주주의는 법과 자유를 우선하고, 국가정보는 국가안보를 우선시하여 가치가 다소 상충되는 부문이 있다.
④ 민주주의는 투명성을 강조하고 국가정보는 비밀성을 중시한다.

09. 다음 중 설계때부터 개발자만 알 수 있도록 프로그램에 침입로를 설치, 필요시 재침입하는 해킹방법은?

① 메일폭탄   ② 피싱
③ 백도어   ④ 논리폭탄

10. 다음 비밀 배포기술 중 적절치 않는 것은?

① Secret Writing은 비밀잉크를 사용하는 것이다.
② Dead Drop은 특정한 장소에 보관하여 전달한다.
③ Brush pass는 스치면서 건네기이다.
④ Microdots는 사진 등 매체에 메시지를 숨겨서 전달한다.

11. 대안분석 중 상반된 입장의 집단이나 단체를 선정하여 논쟁을 통해서 문제점을 도출, 고위험 저확률을 해결하는데 도움이 되는 기법은 무엇인가?

① 악마의 대변인
② 레드팀
③ 핵심판단기법
④ 경쟁가설분석

12. 다음 중 국정원의 예하기관 중 국정원이 주도적으로 행사하는 기관은 무엇인가?
① 국가사이버안보센터
② 테러정보통합센터
③ 국제범죄정보센터
④ 방첩정보공유센터

13. 다음 중 활동지역별 성격이 다른 하나는?
① MPS
② SAVAK
③ FSB
④ Mossad

14. 다음 정보생산자에게 필요한 능력이 아닌 것은?
① 심층적 전문지식과 적절한 분석기법을 숙달해야 한다.
② 사용자에게 명확하게 전달할 수 있도록 적절한 보고서를 작성해야 한다.
③ 정보보고서는 정보생산자의 능력이므로 경험과 지식을 토대로 주관적으로 작성해야 한다.
④ 정보생산자는 분석에 해당하는 해당국가나 담당분야에 대한 전문지식을 갖추어야 한다.

15. 다음 중 국가정보의 필요성 아닌 것은?
① 국가의 현재와 미래 안보위협에 대비
② 국제조약 검증 및 국가의 외교협상력 제고
③ 세계 경쟁력이 있는 국내 주요기업의 산업정보활동
④ 국가산업활동을 위한 산업경쟁력 제고

16. 다음 중 명확한 국가정보기관이 아닌 것은?
① SIS
② BND
③ SVR
④ MPS

17. 다음 중 정보실패에 대한 설명 중 적절치 않은 것은?
① 정보실패는 전적으로 정보분석관의 책임이다.
② 정보활동은 정보의 성공보다 실패가 더 부각되어 정보할동이 위축 될 수도 있다.
③ 정보실패는 분석관 및 조직의 오류, 정보배포상의 오류 등이 있다.
④ 정보실패는 가능한 줄여야 하지만, 정보실패를 통해서 정보기관의 발전을 도모해야 한다.

18. 다음 중 우리나라 국정원이 수행하는 산업보안활동과 거리가 먼 것은?
① 지적재산권 침해 대응 및 차단
② 산업스파이 교육 및 해외활동 지원
③ 산업보안교육, 산업보안 컨설팅
④ 첨단기술 해외유출 차단 및 수사

19. 정보환경의 변화로 인해 정보기구가 대응해야 하는 일이 아닌 것은?
① 정보기관은 정책부서와 원활한 협조와 소통을 통하여 정책결정의 성공을 지원해야 한다.
② 국가간에 산업정보가 점점 중요해짐에 따라 산업단체나 기업과 협력하여야 한다.
③ 세계화 진전과 변화로 조직과 기능을 적절하게 변화하고 대응해야 한다.
④ 기술정보는 원거리나 인간정보로 수집하지 못하는 분야까지 수집이 가능하므로 기술정보 수집 중심으로 모든 수집역량을 개편해야 한다.

20. 다음 중 김정은이 직접 지휘하는 정보기관으로 연결된 것은?

| ㉠ 정찰총국 | ㉡ 문화교류국 |
| ㉢ 사회안전성 | ㉣ 호위사령부 |

① ㉠ ㉢   ② ㉠ ㉡
③ ㉡ ㉢   ④ ㉡ ㉣

21. 다음에 해당하는 북한의 정보기관은 무엇인가?

> 국내 반국가 세력이나 단체들을 포섭하여 간첩을 양성하거나 국내에 친북파를 전략적으로 형성, 필요시 이들을 이용하여 국내 사회혼란 및 분열을 조장한다.

① 국가안전보위성   ② 보위국
③ 문화교류국   ④ 정찰총국

22. 다음 미국 정보기관의 부서는 무엇인가?

> 비밀공작 및 인간정보 수집에 필요한 각종 첨단기술정보 수집 시스템을 개발하고, 관련된 정보의 수집·처리·분석을 담당하며, 다양한 분야의 과학자 엔지니어, 프로그래머로 구성되어 있다.

① DO   ② DS&T
③ DST   ④ DI

23. 다음 중 북한의 핵위협이 고도화 되고 있는 상황에서 한국의 국가정보체계를 가장 우선적으로 개선해야 할 사항은?

① 미래 통일 한국에 대비하고 국가정보체계의 효율성 제고를 위해서 해외와 국내로 정보기관을 분리하여 조직의 활성화가 필요하다.
② 군사첩보위성 등 독자적인 정보수집자산을 조기에 확보하여 북한 전역에 대한 감시역량을 강화하고, 북한의 모든 위협징후를 사전에 포착하는 것이 중요하다.
③ 국가정보체계의 민주화를 실천하고 국민적 신뢰를 더욱 증진시켜야 한다.
④ 국민들의 정보욕구를 충족시키고 민간부분의 정보연구활동을 통해 정보발전을 유도하기 위해서 적극적으로 지원해야 한다.

24. 평시 국방부 및 각 군에서 가장 중요한 정보는 무엇인가?
① 북한 및 주변국, 기타국가에 대한 정세 동향
② 북한 김정은의 동향, 북한 국내적 주요 동향
③ 북한 주민들의 인권상황, 주요행사 동향
④ 북한의 전쟁징후, 핵위협, 군사도발 등 군사관련 정보

25. 다음 중 한국의 군사 동맹국과 명칭은 무엇인가?
① 한-일 동맹
② 한-미-일 동맹
③ 한-미 동맹
④ 한-이스라엘 동맹

22회 모의고사 문제

01. 다음 중 국가정보학의 발전과 관련하여 적절한 것이 <u>아닌</u> 것은?
① 1970년대 초반까지 미국내 대학에서 국가정보학 과목의 개설대학은 극소수에 불과하였다.
② 1970년대 중반이후 베트남 전개와 워케이트사건 등으로 미국내 정보기관에 대한 관심이 증대하면서 국가정보학에 대한 연구가 활발하였다.
③ 한국은 1980년대에 들어서서 군사정보관련된 학위 논문들이 발표되기 시작하였고, 현재도 국내대학에서 국가정보학과 개설이 전무하다.
④ 미국은 9.11테러 이후부터 국가정보에 대한 관심이 점차 퇴보하였다.

02. 다음 중국군의 사이버부대 중 미국을 전담하는 사이버부대는 무엇인가?
① 연합참모부 제3부
② 제 61486부대
③ 연합참모부 제4부
④ 제 61389부대

03. 다음 사이버공격의 특징이 <u>아닌</u> 것은?
① 개방성
② 감염성
③ 잠복성
④ 비대칭성

04. 다음 중 북한의 테러사건중 년도별 빠른 순서가 맞는 것은?

㉠황장엽 암살조 파견   ㉡강릉잠수함침투
㉢일심회 간첩단 사건   ㉣김정남 암살

① ㉡-㉢-㉠-㉣   ② ㉠-㉡-㉢-㉣
③ ㉢-㉣-㉠-㉡   ④ ㉢-㉡-㉣-㉠

05. 다음 북한의 정보기구는 어느 기관인가?

당의 정보기관으로 현재에도 간첩을 양성하여 남파하며, 남한 내 지하당을 구축하는데 주력하고 있다. 남한 내 친북좌파나 시민단체조직에 침투하여 고정간첩망 부식, 친북세력을 포섭하고 조종하여 반국가 및 반미투쟁을 선동하는 대남공작기관이다.

① 통일전선부   ② 국가안전보위성
③ 문화교류국   ④ 정찰총국

06. 다음 산업정보와 관련하여 아래의 기관으로 잘 연결된 것은?

㉠국가핵심기술 해외유출 차단활동, 지식재산권 침해관련 대응활동, 해외 산업스파이 정보 수집 등
㉡국가핵심기술 해외유출 방지 및 유출범죄 수사

①㉠한국산업술보호협회-㉡방첩사
②㉠한국산업술보호협회-㉡국가수사본부
③㉠국가정보원 산업기밀보호센터-㉡국정원
④㉠국가정보원 산업기밀보호센터-㉡국가수사본부

07. 다음 중 이스라엘 군 정보기관인 AMAN에 대한 설명 중 다른 것은?

① ANMAN의 정보활동은 인간정보 위주로 수집한다.
② 군정보기관이면서도 세계정치정보도 수집하며, 국가정보판단서를 작성하고, 세계정세 동향 등을 생산하여 수상과 내각에 보고하고 지원한다.
③ 항시 전시상황으로 전쟁에 대비하여 국가차원으로 정보지원에 책임을 지며 국방장관의 통제도 받지만 필요시 수상의 지휘도 받는다.
④ 2023년 10월 7일 하마스의 기습공격에 대 한 사전경고를 하지 못하였다. 이는 1973년 욤키푸르전쟁시 이집트와 시리아군의 기습공격을 미리 예측하지 못하였던 것처럼 가장 큰 정보실패사례로 남고 있다.

08. 다음 설명하는 테러단체는 무엇인가?

> 팔레스타인 가자지구에 위치하며, 팔레스타인 자치정부의 통제도 받지 않고 독자적으로 강성 테러활동을 실시하고 있다. 팔레스타인에서 이스라엘을 몰아내고 독립정부를 세우는 것을 목표로 하고 있으며, 2023년 10월에 전격 이스라엘을 기습공격 하였다.

① 헤즈볼라　　　　　　　　　　② 팔레스타인 해방기구
③ 하마스　　　　　　　　　　　④ 탈레반

09. 다음 한국의 국회 정보위원회에 대한 설명으로 적절치 않은 것은?

① 정보위원회는 1994년도에 최초로 설치, 12명으로 구성되어 있다.
② 정보위원회는 비공개가 원칙이나 국민의 알권리가 필요하다고 판단될 때에는 위원장의 요청에 따라 언론에 그 내용을 언제든 공개할 수 있다.
③ 정보위원회는 원내교섭단체만이 위원이 될 수 있다.
④ 국정원장은 정보위원회에 민감한 내용은 비공개할 수 있다. 그러나 특정사안에 대하여 재적위원 2/3이상 의결시 국정원장은 해당 자료를 공개해야 한다.

10. 다음 중에 한국이 가입한 경제 및 안보공동체는 무엇인가?
   ① AUKUS
   ② IPEF
   ③ Quad
   ④ CPTTP

11. 2023년 4월 미공군 주방위군소속 일병이 유출시킨 문건에 미국이 동맹국까지 정보를 수집한 것이 노출되었다. 이와 관련하여 미국의 해외정보감시법에 대한 설명 중 적절치 않은 것은?
   ① 외국정보감시법원에 긴급한 상황을 통보한 후 정당성이 입증되면 내국인, 외국인 등을 무제한 감시 및 도청할 수 있다.
   ② 정보할동이 미국을 보호하는데 필요한 경우 법무부장관의 승인 후 대통령의 허가를 받아 1년동안 법원의 영장없이 통신감청이 가능하다.
   ③ NSA가 테러용의자 등 외국인이 국외에서 주고받은 이메일, 휴대전화, 통화메세지 등을 영장없이 수집하도록 하고 있다.
   ④ 미국에서 활동하는 외국정보요원, 테러 및 간첩활동이 의심되는 미국인에 대한 감청, 영장심사를 의무화한 법이다.

12. 다음 중 비밀공작에 대한 설명으로 옳지 않은 것은?
   ① 비밀공작은 배후를 은폐하는 비밀활동이다.
   ② 비밀공작은 대상국의 정책결정과정에 영향력을 행사하여 자국에 유리한 방향으로 유도한다.
   ③ 비밀공작은 자국의 대외정책을 적극적으로 관철될 수 있도록 다른 수단보다 우선적으로 실행해야 한다.
   ④ 비밀공작은 북한에서 와해모략공작, 영국은 특별정치활동, 이스라엘은 특별임무라는 명칭으로 사용하고 있다.

13. 다음 중 정보기관을 통제하기 위해서 행정부에서 실시한 위원회는 무엇인가?

① 처치위원회
② 이노우에-해밀턴위원회
③ 아스핀-브라운위원회
④ 록펠러위원회

14. 다음에서 정보분석관의 오류에 해당하는 것은?

| (ㄱ) 주석전쟁 | (ㄴ) 집단사고 |
| (ㄷ) 인식론적 경직성 | (ㄹ) 정보분석의 정치화 |

① (ㄱ)-(ㄷ)
② (ㄱ)-(ㄴ)
③ (ㄴ)-(ㄱ)
④ (ㄴ)-(ㄷ)

15. 다음 인간정보요원에 대한 설명 중 틀린 것은?

① 정보원과 협조자는 정보관의 정보수집을 도와주는 사람이다.
② 비공직가장은 다양하고 광범위한 대상자와 접촉이 가능하나, 수집된 첩보를 안전한 방법으로 본국에 보고하는 경우에 제한이 많다.
③ 정보관은 정보기관의 정식요원으로 정보원과 1:1 수직관계를 유지하나, 정보원들끼리는 다양하게 횡적관계를 유지할 수 있다.
④ 공직가장은 주재국 정부관리나 다른 외교관의 접촉이 용이하다.

16. 다음 중 보기에 없는 비밀공작 형태는 무엇인가?

> ㉠ 자국에 불리한 영향을 주는 상대국 정권을 직간접적으로 변화시키는 행위이다.
> ㉡ 자국에 대한 상대국의 지지자, 동조자를 확보하기 위한 목적으로 자국의 여러 분야를 전파한다.
> ㉢ 대상국의 경제정책을 자국에 유리하도록 영향력을 행사하며 파업을 유도하기도 한다.

① 준군사공작
② 경제공작
③ 전복공작
④ 선전공작

17. 다음 중 양적분석의 특징 및 장점이 아닌 것은?

① 통계화, 계량화
② 객관적이고 정밀한 연구가 가능
③ 분석자료의 신뢰성 확보
④ 자료나 첩보가 부족할 경우 효과적

18. 다음 중 통합형과 분리형 정보기구의 장·단점에 대한 설명을 순서대로 잘 배열한 것은?

> ㉠ 정보활동에 대한 중앙집권적 통제가 용이하다.
> ㉡ 정보기관에 대한 견제가 부족, 민주적 견제와 균형에 역행한다.
> ㉢ 정보기관간 상호견제로 정보의 독점을 방지할 수 있다.
> ㉣ 정보기관간 상호 과도한 경쟁으로 비효율적일 수도 있다.

① 분리형-통합형-통합형-분리형
② 통합형-분리형-통합형-통합형
③ 통합형-통합형-분리형-분리형
④ 통합형-분리형-분리형-통합형

19. 다음 중 정보생산자와 정보소비자에 대한 설명 중 적절치 않은 것은?
   ① 정보소비자는 정책을 결정하는 정부부처 정책결정자들이나 의회 등이 해당된다.
   ② 정보생산자는 정보를 생산하는 정보기관이나 정부부처가 해당된다.
   ③ 정보생산자는 분석과정에서 개인적 편견과 집단적 편견을 최소화하고 사안에 따라서는 주관성을 유지해야 한다.
   ④ 정보생산자는 정보소비자가 필요한 시점에 배포해야 하는 적시성의 불확실성이 있다.

20. 다음 중 한국의 NSC에 관한 내용 중 틀린 것은?
   ① 위원회 구성은 국가안전보장회의법에 명시된 6명의 위원과 대통령이 정하는 6명 등 총 12명이다.
   ② NSC는 모든 내용을 비공개원칙으로 하나, 의결시 그 내용을 공개할 수 있다.
   ③ NSC는 대통령 직속의 자문기관으로 외교 및 안보분야의 최고위급 회의체이다.
   ④ 대통령은 NSC회의간 필요시 정보업무나 기타 수집지시를 국정원장에게 지시할 수 있다.

21. 다음 중 정보통제에 관한 내용으로 ( )안에 적절한 용어는?

   -이것의 ( )을 따져보기 위해 예산, 조직의 운용 등이 정보활동을 제대로 수행하는데 효율적인가를 검토한다.
   -이것의 ( )을 확인하기 위해서 정보기관이 법률과 윤리적 기준에서 목적과 활동이 올바른지를 검토한다.

   ① 언론-합법성-효율성
   ② 감사원-합법성-적절성
   ③ 언론-합법성-적절성
   ④ 효율성-적절성-합법성

22. 다음 최근의 신(新)국제질서 및 각국의 변화에 대한 설명으로 적절치 않은 것은?

① 러시아의 우크라이나 침공이후 미국과 서방국가가 러시아와 대결하는 틈을 노려 북한은 러시아에 포탄을 지원하는 등 한반도를 둘러싸고 북-중-러의 군사협력체계를 강화하고 있다.
② 각국들이 자국의 군사력을 강화하면서 국방비를 증액하는 추세이며, 외교적인 독립과 안보적으로도 독립적인 활동을 지향하고 있다.
③ 자유진영 국가들 간에도 경제면에서는 인도, 사우디 등 국가들은 철저하게 국가이익 우선주의를 선택하는 등 독자적인 행보를 추진하고 있다.
④ 유럽내 국가들이 안보불안으로 안보동맹체의 중요성을 인식, 중립국이었던 스웨덴 및 핀란드가 NATO에 가입하였다.

23. 정책결정과정에서의 정보의 기능에 대하여 옳지 않은 것은?

① 국가정보는 정책결정단계에서 국력의 효과적인 사용과 미래상황을 예측하여 효과적인 선택을 할 수 있는 기회를 제공함에 있어서 필요시 유용한 정책을 선택하는데 직접 관여할 수 있다.
② 국가정보는 정책계획단계에서 정책수립과 조정의 필요성이 있거나 정책수립 추진간의 한계나 기타 여러 문제점을 검토한다.
③ 국가정보는 정책의 집행 및 평가단계에서 정책집행시기를 판단하고 성과와 문제점을 분석하여 정보제공을 통해서 정책과정의 환류를 지원한다.
④ 국가정보는 정책수립단계의 환경진단에서 안보취약성을 진단하고 적국에 대한 위협 등을 평가한다.

24. 다음 애설론(Echelon)에 포함된 정보기관이 아닌 것은?

① ASIO ② FAPSI
③ CSE ④ GCSB

25. 다음 설명하는 영국의 정보관련 내용은 무엇인가?

> 수상직속으로 수상을 대리하여 국가 정보기관들의 정보업무를 조정 및 통제한다. 세부적으로는 영국 정보기관들에 대한 정보업무에 대한 일반적인 지침과 정보 및 보안업무를 및 통제하고, 결과를 수상에게 보고한다.

① JIC ② NSC
③ JIO ④ 내각정보안보조정관

23회 모의고사 문제

01. 다음 국가정보와 정책과의 관계이론 중에서 적절치 않은 것은?
① 전통주의는 정책결정자의 정보정책 관여에 원칙적으로 반대하였다.
② 로저 힐스만은 행동주의를 주장하였으며, 정책결정자의 관심이슈에 대하여 정보기관의 지원이 필요하다고 하였다.
③ 행동주의는 정보와 정책은 밀접한 공생관계이기에 상호 밀접한 관계유지가 필요하다는 논리이다.
④ 전통주의는 판단정보를 중시하며 정보의 적극적인 지원을 중시한다.

02. 2023년 워싱턴 한·미정상회담에서 한·미가 합의한 '핵 확장억제' 조치내용과 적절치 않은 것은?
① '워싱턴선언'을 통해서 한·미간 북한핵의 확장억제방안을 종전의 '확장억제전략협의체(EDSCG)'보다 한 단계 격상시켰다.
② 미국의 전술핵을 한국에 배치하도록 합의하였다.
③ 한반도에서 비상사태시 핵무기 사용결정권한 및 작전기획은 미국이 담당하도록 하였다.
④ 한·미 핵협의그룹(NCG)을 신설하여 한반도에 중대한 사태발생시 미국의 전략자산 사용계획을 공유하고, 전략자산이 수시로 한국에 전개하는 등 한·미간 핵태세 훈련을 강화하기로 하였다.

03. 2023년 10월 이스라엘을 전격적으로 기습공격한 무장정파는 무엇인가?

① 팔레스타인 해방기구(PLO) ② 무슬림 형제단
③ 하마스(Hamas) ④ 헤즈볼라

04. 다음 중 정보조직의 오류형태가 아닌 것은?

① 집단사고(Group Think) ② 인질담보(False Hostage)
③ 부·처이기주의 ④ 인식론적 경직성

05. 다음 중 비밀정보보고서 배포 기술은 무엇인가?

> 최근 북한 문화교류국 공작원이 한국 내 충북동지회 등 고정간첩 및 포섭된 자들에게 전하는 비밀공작 지령문을 사진, 편지글, 기타 다른 매체에 메시지를 숨겨서 전달하는 이 방법을 가장 많이 사용하였다.

① Cyber Devke ② Brush pass
③ Steganography ④ Dead Drop

06. 다음 중 군사 1급비밀 취급 지정권자가 아닌 직책은?

① 국군정보사령관 ② 병무청장
③ 국군방첩사령관 ④ 국방과학연구소장

07. 다음 중 정보보고서를 생산하는 주체가 다른 하나는 무엇인가?
① 정보메모(Intelligence Memorandum)
② 특별국가정보판단(SNIEs)
③ 국방테러정보요약(DITSUM)
④ 일일경제정보요약(DEIB)

08. 다음 중 정보기관과 정책부서 관계에 대한 설명으로 적절치 않은 것은?
① 정보기관은 국가안보적 차원에서 정책부서가 결정하지 못하는 사안에 대하여 신속하게 결정하도록 필요시 적절한 개입이 필요하다.
② 정보기관은 국가이익과 국가안보를 위하여 정보를 수집하고 적대세력 위협으로부터 국가의 안전을 보호하는데 주력한다.
③ 정책부서는 국가정책을 결정하고 집행하며, 정책결정시 국가이익을 우선으로 고려한다.
④ 정보기관이 정책결정과정에 관여하게 될 경우 정보의 객관성이 훼손될 수 있어 직접적인 개입이나 관여를 해서는 안된다.

09. 다음 중 미국의 DIA 예하기관중 MASINT를 전문적으로 담당하며 관련정보의 수집을 지시, 운용 및 분석하는 부서는?
① 국방비밀작전국(DCS)
② 분석국(DA)
③ 과학기술국(DS&T)
④ 과학기술국(DST)

10. 다음 중 국제범죄의 폐해가 <u>아닌</u> 것은?
    ① 민주주의의 잠식
    ② 국가자산 유출
    ③ 자유시장 좌절
    ④ 대형무기 거래 등 국가안보 위협

11. 다음 중 북한이 2000년대 이후 저지른 테러 및 도발행위가 <u>아닌</u> 것은?
    ① 연평도 포격   ② 천안함 폭침
    ③ 최덕근 영사 피살   ④ 김정남 암살

12. 다음 중 각국의 정보업무를 조정·통제하는 기구로 연결된 것 중에서 적절치 <u>않은</u> 것은?
    ① 프랑스-국가정보위원회(CNR)
    ② 중국-당·군정법위원회
    ③ 독일-국가정보위원회
    ④ 이스라엘-합동정보공동체위원회(JICC)

13. 다음 미국 전략사령부가 선정하고 있는 3대 핵전략자산에 포함되지 <u>않는</u> 것은?
    ① SLBM   ② 전략폭격기
    ③ 극초음속 미사일   ④ ICBM

14. 다음에서 설명하는 경제협력체는 무엇인가?

> 2021년 미국주도의 인도·태평양지역의 경제협력체로서 한국 등 14개국이 참여하여 발효되었다. 대중 견제전략으로 핵심전략산업의 안정적인 공급망 구축, 역내국가 공동전선을 구축하여 핵심부품을 무기화하는 중국의 행위에 대응하여 안정적인 공급망을 확보하는데 목적이 있다.

① 역내 포괄적 경제동반자협정(RCEP)
② 인도·태평양 프레임워크(IPEF)
③ 포괄적·점진적 환태평양 동반자협정(CPTTP)
④ 환태평양 경제동반자협정(TPP)

15. 다음 중 마약을 합법화한 국가가 아닌 것은?
① 독일
② 태국
③ 러시아
④ 네덜란드

16. 다음 중 국가부문정보기관이 아닌 것은?
① INR
② NRO
③ NGA
④ FBI

17. 다음 중 한국군의 보안업무에 관한 설명 중에 가장 적절하게 설명한 것은?
① 각 군의 각 제대별로 보안업무를 담당하나, 보안에 대한 최종적인 책임은 방첩사 파견부대에 있다.
② 방첩사는 군에 대한 보안업무 개선사항 및 각종 보안프로그램 연구, 보안사고 예방 및 대책을 강구하며, 보안사고시 조사를 담당하는 등 군에 대한 보안업무를 전반적으로 지원하는 기관이다.
③ 한국군의 보안업무는 국방장관을 대신하여 국방정보본부장이 최종책임을 지며, 국방부 및 각 군별 보안사고시는 방첩사가 최종 책임을 진다.
④. 한국군의 보안업무는 방첩사가 전군의 보안업무를 담당하며 최종 책임을 진다.

18. 다음 중 한국 국가정보원의 임무가 <u>아닌</u> 것은?

① 국외정보 및 북한에 대한 정보 수집
② 형법중 내란죄, 외환의죄, 군형법중 반란죄, 암호부정사용죄, 군사기밀보호법에 관한 정보 수집
③ 국가기밀에 속하는 문서 자재, 시설 및 지역에 대한 보안업무
④ 간첩수사 등 대공수사

19. 다음 중 한국의 각 위원장을 연결한 것 중에서 적절치 <u>않은</u> 것은?

① 산업기술보호위원장-산업통상자원부장관
② 국가대테러대책위원장-국무총리
③ 국가방첩전략회의의장-국가안보실장
④ 방위산업기술보호위원장-국방부장관

20. 다음 중 쿼드(QUAD)에 포함되지 <u>않는</u> 국가는?

① 미국　　　　　　　　　　② 영국
③ 일본　　　　　　　　　　④ 인도

21. 다음 중 설명하는 북한의 정보기관은 어느 기관인가?

> 최근 국내 전교조·민노총, 자주통일 민중전위 충북동지회 등 다수의 시민단체와 반정부단체, 반정부성향 인물 등을 대상으로 무차별적으로 침투하여 포섭한 후 각종 반정부 및 간첩활동의 비밀지령을 내리고, 공작금을 지원하며, 일부 간부들에게 김정은에 대한 충성맹세를 받는 등 각종 대남공작을 전개하고 있다.

① 통일전선부　　　　　　　② 정찰총국
③ 문화교류국　　　　　　　④ 국가안전보위성

22. 다음 중 ECHELON에 포함되는 정보기관이 아닌 것은?
① GCHQ   ② FAPSI
③ ASIO   ④ CSE

23. 다음 중 자발적 협조자에 포함되는 인물은?
① 로젠버그 부부   ② 조너선 폴라드
③ 알드리치 에임스   ④ 로버트 한센

24. 다음 설명하는 기관은 무슨 기관인가?

> 2009년 사이버침해사고에 대응하기 위해 과기부 산하로 창설되어 민간 각종 사이버침해 행위에 적극대응하고, 사이버침해사고를 사전예방하며 정보보호산업의 성장 기반을 조성한다.

① 국가정보원 국가사이버안보센타
② 한국전자통신연구원
③ 국가보안기술연구소
④ 한국인터넷진흥원

25. 다음 중 성격이 다른 하나는 무엇인가?
① U-2기   ② RQ-4
③ RQ-1   ④ SCOUT

24회 모의고사 문제

01. 다음 중 셔먼 켄트의 시계열에 관련한 설명 중 적절치 않은 것은?

① 기본정보는 변화하지 않은 기초적인 정보외에도 향후 예측되는 내용 등을 종합한 정보도 포함한다.
② 판단정보는 분석 및 평가를 거친 정보로서 분석정보, 혹은 미래정보라고도 한다.
③ 최근 북한의 오물풍선 도발, 북한군의 MDL침범 등 실시간 발생하는 각종 군사적위협 등을 종합한 정보를 동태정보, 혹은 현용정보라고 한다.
④ 시계열이란 시간의 흐름에 따라 시간 간격으로 배치된 데이터를 의미한다.

02. 다음 AUKUS에 해당하는 국가끼리 잘 연결된 것은?

| ㈀미국 | ㈁인도 | ㈂일본 |
| ㈃영국 | ㈄캐나다 | ㈅호주 |

① ㈀-㈂-㈅   ② ㈀-㈁-㈃
③ ㈂-㈃-㈄   ④ ㈀-㈃-㈅

03. 다음 한국의 군사정찰위성과 관련하여 사실과 다른 것은?

① 한국은 군사정찰위성을 2023년부터 2025년까지 총 5기를 발사하도록 추진하고 있다.
② 2025년 현재 한국은 총 4기의 정찰위성을 발사하여 400~600km 저궤도 상공에서 영상정보를 수집한다.
③ 한국 군사정찰위성중 1호기는 전자광학(EO)·적외선 열상(IR) 위성이고, 2호기는 SAR(영상레이더) 위성으로 해상도 30cm 수준의 고해상도를 자랑한다.
④ 향후 한국군은 2025년말까지 나머지 1기의 군사정찰위성을 발사할 예정이며, 여기에는 신호정보를 수집하는 전자장비를 탑재한다.

04. 다음 중 한국의 위기관리제도 및 조직중에서 안보차원의 위기관리시스템이 <u>아닌</u> 것은?
① 국가안전보장회의(NSC)
② 중앙안전관리위원회
③ 국가안보실(ONS)
④ 국가안보실 국가위기관리센터(NCCM)

05. 정보기관이나 수집요원이 부여한 의제에 대한 정보수집에 집중하는 것이 아니라 본인에게 중요하거나 혹은 정책결정자 입장에서 중요하다고 생각하는 사안에 대하여 수집활동을 주력하는 정보수집상의 이슈는 무엇인가?
① Wheat and Chaff
② Vacuum Cleaner Issue
③ Zero-Sum Game
④ Swarm ball

06. 다음 CIA의 정보순환단계에서 괄호에 해당하는 것은 무엇인가?

> 기획·지시→( )→( )→분석·생산→( )

① 정보수집-처리·탐색-배포
② 정보요구-처리·탐색-환류
③ 정보수집-처리·탐색-소순환
④ 정보요구-처리·탐색-분석

07. 다음 중 정보분석의 대상에 대한 설명 중 적절치 <u>않은</u> 것은?

① 미스터리는 정보수집만으로 규명할 수 없는 중요한 현안으로 지속적으로 확산시 국가적으로 사회혼란을 조장하고 국가안보에 위해를 줄 수 있다.
② 비밀은 국가가 자국의 안보를 위해서 숨기는 내용으로 능력이나 의도 등 공개를 회피하고 관리하는 중요한 내용들이다.
③ 북한의 핵무기가 개발되었다고는 하나 핵탄두의 정확한 수량이나 배치장소, 능력 등은 확인되지 않은 것으로 이는 미스터리에 해당한다.
④ 허위정보는 자국의 비밀을 보호하기 위해서 고의로 역정보나 기만정보를 누출하는 것으로 상대에게 혼란을 주어 잘못된 해석을 유도하기 위함이다.

08. 다음 한국의 방첩기관에 포함되지 <u>않는</u> 기관은 무엇인가?
① 특허청
② 해양경찰청
③ 관세청
④ 국세청

09. 비밀공작 중 정치공작과 관련이 <u>없는</u> 것은?
① 영향공작
② 회색선전
③ 지원공작
④ 비정보적 지원, 정보적 지원

10. 한국의 테러경보에 대한 설명중 다른 것은?
① 테러경보는 대테러센터장이 테러대책위원장에게 보고한후 발령한다.
② 대테러센터장은 테러위험징후를 포착하거나 종합된 정보를 바탕으로 실무위원회 심의를 거쳐 테러경보를 결정한다.
③ 테러경보는 관심-주의-경계-심각의 4단계로 구분한다.
④ 테러와 관련된 모든 정보는 대테러센터에서 자체적으로 수집한다.

11. 다음 중 방첩에 대한 설명으로 적절치 않은 것은?
   ① 능동적 방첩에서 위협의 주체는 모든 기업, NGO, 일반인 등으로 다양화되고 있다.
   ② 방첩활동의 범위는 상대국 정보기관이나 정보요원으로만 제한해도 충분하다.
   ③ 수동적 방첩에는 인원보안, 문서보안, 시설보안, 산업보안 등이 있다.
   ④ 능동적 방첩의 공격활동에는 역용, 기만 등이 있다.

12. 다음 중 영상정보 단점에 대한 설명으로 적절치 않은 것은?
   ① 영상정보에 대한 무한 신뢰로 타 출처의 정보를 간과하는 경우가 발생하기도 한다.
   ② 영상정보는 고정된 표적은 상관없으나, 이동표적의 경우 이동방향이나 예상되는 행동을 탐지하는데 제한된다.
   ③ 영상정보는 특정순간을 포착하므로 촬영전과 촬영후에 무엇이 어떻게 전개되었는지에 대한 정보파악이 매우 용이하다.
   ④ 영상정보는 대상물에 대한 수집을 회피하기 위해 위장이나 모조품 활용 등 기만공작에 취약하다.

13. 다음 중 국가와 현재 정보기관에 대한 연결이 옳지 않은 것은?
   ① 이스라엘-LAKAM
   ② 캐나다-CSE
   ③ 뉴질랜드-GCSB
   ④ 호주-ASIO

14. 다음 정책집행단계의 문제확인에서 정보의 역할에 해당하는 것은?

> (ㄱ) 국가이익증대를 위한 여건 분석
> (ㄴ) 정책 집행시기 판단
> (ㄷ) 안보취약성 진단
> (ㄹ) 현재 진행하고 있는 각종 정책의 평가 지원
> (ㅁ) 국력의 효과적 사용
> (ㅂ) 적국에 대한 위협평가

① (ㄱ)-(ㄷ)-(ㅂ) ② (ㄱ)-(ㄴ)-(ㄹ)
③ (ㄴ)-(ㄷ)-(ㄹ) ④ (ㄱ)-(ㄹ)-(ㅅ)

15. 다음 중 북한의 정보기구에 대한 설명으로 적절치 않은 것은?

① 김정은이 군방첩기관인 보위사령부도 최고사령관 자격으로 직접 통제한다.
② 북한은 2009년에 당과 군의 정보기관을 통합하여 최고사령부 직속의 정찰총국으로 대폭 확대 개편하였다.
③ 북한의 정보기구 개편시 잔존한 기구는 통일전선부로 현재에도 대남공작원 남파, 한국내 고정간첩 포섭 등 대남공작 임무를 수행하고 있다.
④ 국가안전보위부는 국무위원회 소속으로 국가정보기관이다.

16. 다음 중 하드웨어 공격끼리 묶여진 것은?

① 논리폭탄-전파방해
② 고출력 전자총-스푸핑
③ 스미싱-치핑
④ EMP폭탄-전자적 미생물

17. 다음 중 마약을 합법화한 국가가 <u>아닌</u> 것은?
  ① 네덜란드 ② 덴마크
  ③ 태국   ④ 독일

18. 다음 중 국가정보원에 소속된 부서가 <u>아닌</u> 것은?
  ① 국가사이버안보센터
  ② 테러정보통합센터
  ③ 사이버침해대응본부
  ④ 산업기밀보호센터

19. 국가정보에 대한 설명으로 적절치 <u>않은</u> 것은?
  ① 국가정보는 국가안보와 국가이익에 최우선적 목표를 두고 활동하며 국가정책 결정에 필요한 정보를 지원한다.
  ② 민주주의 국가에서의 국가정보는 국가체제의 정통성을 지키고 국가정체성의 혼란을 방지한다.
  ③ 국가정보기구는 어느 특정한 정권이나 정치체제의 기구가 되어서는 안되며 국가와 국민의 정보기구가 되어야 한다.
  ④ 각국의 정치상황이나 체제에 따라서 국가정보가 정권안보나 체제유지를 위해 사용되는 것은 보편적 현상이다.

20. 다음중 인간정보 요원 중에서 정보원에 해당하는 경우는 누구인가?
  ① 로버트 한센   ② 로젠버그 부부
  ③ 엘리코헨   ④ 퀀터기음

21. 미국의 정보기구에 대한 설명으로 옳지 <u>않은</u> 것은?

① CIA는 인간정보위주로 전세계의 해외정보를 수집·분석하며, 필요시 ODNI에 보고하지 않고 단독으로 대통령께 보고한다.
② NRO는 신호정보와 영상정보를 수집하고 군사정찰위성 및 정찰기를 관리한다.
③ DIA는 모든 군 정보기관의 정보업무를 조정·통제하여 군사정보를 종합·분석하며, 군사정보기관을 대표하지만 국가정보기관은 아니다.
④ ODNI는 대통령 직속의 정보기관으로 미국 정보기관을 대표하며, 17개 정보기관의 정보를 종합·분석하여 대통령에게 보고한다.

22. 최근 러시아의 우크라이나 침공이후 '신 냉전' 구도와 관련한 설명으로 적절치 <u>않은</u> 것은?

① 러시아의 우크라이나 침공시 북한은 공개적으로 지지의사를 보내고, 러시아에 152mm 포탄 수백만발을 지원한후 러시아와 군사적 협력을 강화하고 있다.
② 미국과 NATO, 그리고 민주적인 서방세계국가들과 이에 대응하는 러시아·중국·북한·이란 등의 권위주의국가 및 독재국가들과의 대결구도를 형성하고 있다.
③ 우크라이나 침공으로 세계화가 퇴보하며, 다자간·지역간 안보동맹체제로 강화되고 있는 반면, 일부 국가들은 영세 중립국을 표방하며 중립적인 입장을 보이는 경향이 있다.
④ 한반도를 둘러싸고 북한-중국-러시아가 군사적 밀착을 강화하고 있고, 이에 대응하여 한국-미국-일본이 군사적 협력체제를 긴밀히 하는 구도로 재편되어 있다.

23. 다음 국가부문정보기관이 <u>아닌</u> 것은?

① DGSI ② NRO
③ GCHQ ④ BfV

24. 다음 정보기관 통제에 대한 설명중 적절치 않은 것은?
   ① 정보기관에 대한 정보통제 기준에는 적절성, 효율성, 합법성 등이 있다.
   ② 의회의 정보통제에는 예산편성 및 심의, 입법권, 기관장 인사청문회 등이 있으며, 이중에 입법권이 가장 강력하다고 볼 수 있다.
   ③ 정보통제에는 입법부 통제, 행정부 통제, 언론의 통제 등이 있다.
   ④ 대통령 등 행정부의 정보통제는 인사권, 조직해체 및 신설권, 대정부 질의 등이 있다.

25. 다음 한국이 가입한 경제협력체는 무엇인가?
   ① IPEF
   ② TPP
   ③ CPTTP
   ④ QUAD

25회 모의고사 문제

 293p

01. 다음 중 국가정보학의 기능으로 적절치 <u>않은</u> 것은?

① 국가정보학은 국가정보활동을 이론적으로 체계화하고 학문적 지식을 구축하는데 기여한다.
② 국가정보학은 정보기관의 정보활동에 대한 정당성을 부여한다.
③ 국가정보학은 국가정보활동에 대한 학문적인 전문성을 제고시켜 준다.
④ 국가정보학은 국가정보활동의 합리적인 비판을 통해 바람직한 방향과 대안을 제시해준다.

02. CIA의 정보순환 5단계의 순서를 정확하게 배열한 것은?

① 기획지시-정보수집-분석생산-처리탐색-배포
② 기획지시-처리탐색-정보수집-분석생산-배포
③ 정보수집-기획지시-처리탐색-분석생산-배포
④ 기획지시-정보수집-처리탐색-분석생산-배포

03. 국가정보학자들이 주장한 정보의 정의와 일치하지 <u>않은</u> 것은?

① 잭 데이비스: 정보는 다른 첩보나 조언보다 질적으로 우수
② 셔먼켄트: 정보는 지식, 조직, 국가안보
③ 마이클 허만: 정보는 추론적, 평가적 지식
④ 로버트 슨: 정보는 위협, 국가, 비밀, 수집, 분석, 의도

04. 첩보에 대해 정확하게 설명한 것은 무엇인가?

① 목적성을 가지고 의도적으로 수집한 자료로 검증 및 평가되지 않은 자료이다.
② 특정한 목적을 달성하기 위해 수집, 평가, 분석한 후 그 타당성을 검증한 것을 말한다.
③ 정책결정 단계에서 활용이 가능한 내용이다.
④ 특정한 목적에 의해 평가되거나 가공되어 있지 않은 단순한 사실을 의미한다.

05. 정보분석관이 최우선적으로 갖추어야 할 소양이 <u>아닌</u> 것은?

① 해당국가 언어 등 어학 능력 우선 숙달
② 정보분석에 필요한 평가요소별 심층적 전문지식과 분석기법 숙달
③ 대상국가에 대한 국가정책, 제도, 문화, 관습 등을 연구하고 이해
④ 정보보고서의 작성 기술을 숙지하고 숙달

06. 국가정보 활동의 고유 기능이 <u>아닌</u> 것은 무엇인가?

① 정보분석
② 산업정보
③ 정보수집
④ 비밀공작

07. 현재 우리나라에서 운용하고 있는 무인 정찰기종은 무엇인가?

① 글로벌호크(RQ-4)
② 스카우트(SCOUT)
③ RQ-1, 프레데터
④ 헤론(Heron)

08. 다음 질적분석중 어느 분석기법을 설명하고 있는가?

> 분석대상에 대한 다수의 가설을 설정후 각 가설을 뒷받침하는 첩보를 수집평가하여 소수 가설을 압축하고, 선택된 가설을 중심으로 비교분석하여 가장 최적의 결론을 찾아내는 기법이다.

① 브레인스토밍 ② 역할연기
③ 핵심판단기법 ④ 인과고리기법

09. 정보관과 계약관계가 없지만, 출처에 접근하여 수집활동을 전개하는 인간정보 수집 주체는 누구인가?

① 협조자 ② 정보관
③ 첩보원 ④ 공작관

10. 다음중 정보보고서 중에서 생산 주체가 다른 것은 무엇인가?

① 국가일일정보(NID)
② 고위정책정보요약(SEIB)
③ 일일경제정보요약(DEIB)
④ 특별정보보고(SIR)

11. 다음 비밀의 파기에 대하여 적절치 <u>않은</u> 내용은 무엇인가?

① 비밀파기는 비밀을 소각, 용해 또는 다른 방법으로 원형을 완전하게 소멸시키는 것을 의미한다.
② 비밀의 파기는 실무자가 직접 파기해야 한다.
③ 비밀을 저장 관리하였던 USB 등 보조기억매체는 보관책임자가 그 비밀의 내용을 복구할 수 없도록 완전 삭제한 후에 파기해야 한다.
④ 문서를 파기할 때에는 그 문서를 원형 그대로 소각해야 한다.

12. 다음 비밀공작의 준군사 공작에 대한 설명으로 적절하지 않은 것은?
   ① 준군사공작은 정보기관 주도하에 대상국의 군사력을 동원하여 직접적인 군사공격을 단행하는 행위이다.
   ② 준군사공작은 여건만 된다면 우선적으로 실행하여 국가이익에 보탬이 되어야 한다.
   ③ 비밀공작과 저강도전쟁의 경계선에 있는 것으로 정권교체의 정치적목적을 달성하기 위해 군사력을 공작적으로 이용하는 것이다.
   ④ 준군사공작은 자국군대를 이용하는 것이 아니라 대상국의 무력이나 세력을 이용하여 대리전 형태의 군사작전을 수행하는 행위이다.

13. 다음 2024년도 추가된 한국의 방첩기관은 무엇인가?
   ① 경찰청
   ② 관세청
   ③ 특허청
   ④ 법무부

14. 다음 설명에 해당하는 테러단체는 무엇인가?

   > 팔레스타인 무장단체로 가자지구에 위치하면서 팔레스타인에서 이스라엘을 몰아내고 이슬람국가를 수립하는 것을 목표로 하는 강경무장단체이다. 2023년에 이스라엘을 기습공격하였고 현재 전쟁중에 있다.

   ① 팔레스타인 해방기구(PLO)
   ② 팔레스타인 자치정부
   ③ 가자기구 해방전선
   ④ 하마스(Hamas)

15. 다음 국제사이버 협력단체 및 국제사이버에 관련한 내용이 아닌 것은 무엇인가?
   ① 탈린 매뉴얼
   ② 바세나르체제
   ③ 국제침해사고 대응팀협의회
   ④ 부다페스트협약

16. 다음 내용은 어느 법령인가?

   > 통신제한조치시 내국인은 고등법원 수석판사의 하가가 필요하고 외국인은 대통령의 승인이 있는 경우만 가능하다.

   ① 국가보안법   ② 군사기밀보호법
   ③ 통신비밀보호법   ④ 군형법

17. 다음 합참의 사이버방호태세(CPCON))에 대한 설명 중 적절치 않은 것은?
   ① 합참의 사이버방호태세 경보는 군내부에만 적용하나 긴급시에는 민간기관에도 발령한다.
   ② 북한군의 사이버전쟁에 대응하기 위해 시행하는 군내부의 사이버방호태세이다.
   ③ 2021년 정보작전방호태세(INFOCON)에서 사이버방호태세(CPCON)으로 명칭이 변경되었다.
   ④ 사이버방호태세의 경보는 5단계로서 합참의장이 발령하며 5급-4급-3급-2급-1급으로 구분한다.

18. 다음 2025년 현재 테러지원국이 <u>아닌</u> 국가는?
① 이란
② 베네수엘라
③ 시리아
④ 쿠바

19. 다음 중 각국의 1급 대테러부대로 연결된 것이 <u>아닌</u> 것은?
① 이스라엘-샤레트 매티칼(Sayeret MATKAL)
② 독일-GSG-9
③ 프랑스-GIPN
④ 미국-Delta Force, DEVGRU

20. 다음 국제범죄 조직간의 카르텔이 <u>아닌</u> 것은?
① 일본야쿠자-중국삼합회-북아프리카 범죄조직
② 라시아마피아-중국삼합회
③ 멕시코카르텔-미국마피아
④ 일본야쿠자-이탈리아마피아

21. 다음 내용의 설명을 통해서 요즘 국제정세로 불리는 시대를 무엇이라고 하는데, 이를 무엇이라고 하는가?

> 2022년 러시아가 우크라이나를 침공하면서, 유럽의 국가들은 러시아의 침공에 대한 두려움으로 국가간의 집단안보 필요성을 느끼면서 군사력을 강화하고 있다. 아울러 유럽 내 중립국가들이 NATO의 가입을 적극 추진하여 핀란드와 스웨덴이 추가로 가입하였다. 이러한 현상이 세계적으로 확산되면서 러시아 등 독재국가에 동조하는 일부 전체주의국가들과 서방 자유민주국가들간의 대결구도가 형성되어 가고 있다.

① 신(新)냉전
② 전체주의-자유민주주의 대결구도
③ 침공국가-비침공국가연대
④ 냉전

22. 다음 중 소속별 성격이 다른 정보기관은 무엇인가?
① 첩보안보부(VEVAK) ② 국가안전부(MMS)
③ 비밀정보부(SIS) ④ 중앙정보국(CIA)

23. 다음 중 국가부문정보기관이 아닌 것은?
① NRO ② SIS
③ NIS ④ DGSE

24. 다음 중 성격이 다른 정보기관은?
① 국가안보국(NSA) ② 국가정보보안부(SAVAMA)
③ 정보사령부(DIC) ④ 연합참모부 2부

25. 다음 법집행기능(수사권보유)을 가진 정보기관이 아닌 것은?
① FBI ② DGSI
③ MPS ④ NIS

김민곤 국가정보학
Special 실전 모의고사 Vol. 2
정보직(군사·기술정보)군무원 편

PART II

정답 및 해설

01회 정답 및 해설

01	②	02	③	03	②	04	④
05	②	06	①	07	②	08	④
09	①	10	①	11	①	12	④
13	③	14	④	15	③	16	④
17	②	18	①	19	④	20	③
21	④	22	②	23	②	24	①
25	④						1

01. 정답 ②
•해설• 국가정보의 분석은 국가현안 뿐만이 아니라 장기적이면서도 국가전략적인 측면에서 요구되는 주요내용들도 분석해야 한다.

02. 정답 ③
•해설• 현재에도 국가정보기구를 통치수단으로서 활용하는 독재국가, 저개발국가가 존재한다. 그러나, 국가정보기관을 통치수단으로 활용하는 것은 원칙이 아니다.

03. 정답 ②
•해설• ② Group Think는 정보조직오류 형태이다.

04. 정답 ④
•해설• 국내에 침투하여 다양한 첩보수집, 파괴, 암살 등 제반활동에 대응하고 국가안보를 수호하는데 필요한 정보를 방첩정보, 혹은 보안정보라고 한다.

05. 정답 ②
•해설• ① CIA의 정보순환단계
　　　기획 및 지시→수집→처리탐색-분석 및 생산→배포 (환류 없음)
　　② 마크로웬탈의 정보순환단계
　　　정보요구→수집→처리탐색→분석 및 생산→배포 및 소비 (환류)

06. 정답 ①

해설 미국은 국가정보장(DNI)이 국가정보목표 우선순위(PNIO)를 작성한다. 국가중앙정보장(DCI, CIA국장이 겸직)은 DNI 의 창설로 폐지된 과거 제도이다.

07. 정답 ②

해설 공개정보는 공개된 자료에서 수집하는 정보로 별도의 독립된 정보영역이다.

08. 정답 ④

해설 레딘트(레이더정보는) 마신트(징후계측정보)의 한 분야로서 레이더 주파수 등 정보를 통해 핵 및 미사일의 발사여부, 종류, 사거리 등을 추적한다.
* 한국 국군정보사령부에도 MASINT(제어계측 정보단) 기능이 창설, 운영중에 있다.

09. 정답 ①

해설 물리적보안의 기준으로 통제구역, 제한구역, 제한지역 3가지가 있다. 통제구역은 비인가자의 출입이 엄격히 금지되는 구역으로 가장 중요하다. 제한지역은 울타리 혹은 경호원에 의해 출입감시가 요구되는 지역, 제한구역은 출입에 안내가 필요한 구역이다.

10. 정답 ①

해설 ① PNG(persona non grate)는 라틴어로 달갑지 않은 손님을 뜻하는 외교적용어로 자국에 파견된 외교관이 범죄행위를 했을 시에 국제법에 의거 형사처벌대신 국외로 추방하는 것을 말한다.
② Counterintelligence: 방첩
③ NCND: 외교적 용어로 긍정도 부정도 하지 않는 의미(Neither Confirm Nor Deny)
④ Cover: 비밀공작에서 공작관이 가장하는 것(신분위장)

11. 정답 ①

해설 미국의 테러단체 지정은 애국법과 반테러법에 의거하여 미국 국무장관이 법무장관과 협의하여 지정한다. 정보기구가 아닌 정책부서인 국무부가 테러단체 지정권을 갖는 것은 그것이 외교안보정책이기 때문이다.
테러단체로 지정되면, 미국내 자산이 동결되고, 우방국내의 자산도 동결될 수 있다. 또한 단체의 대표자나 단체원은 미국의 입국이 전면 금지되고, 테러단체를 지원하면 15년형까지 징역형을 받을 수 있다.

12. 정답 ④

해설 사이버테러는 자료유출, 폭탄메일, 각종 악성프로그램 등을 통해 사이버상에서의 공격하는 행위를 의미하며, 사이버범죄는 불법복제, 사이버사기, 불법유해사이트 운영, 명예훼손, 개인정보 침해 등 범죄적 행위를 말한다.

13. 정답 ③

해설 북한군의 평시 사이버공격기관은 정찰총국으로, 실제 예하 전자정찰국(사이버전 지도국, 121국)과 110호 연구소가 담당한다.
총참모부 지휘자동화국은 전시에 한국군을 공격하기위한 전담부서로서 이를 위해 평시에 해킹 및 기타 작전 프로그램을 연구 및 개발하고 있다.

14. 정답 ④

해설
① 데브그루(DEVGRU): 미국의 해군 특수부대로 구성된 대테러부대
② SAS(Special Air Service): 영국의 육군소속 대테러부대
③ YANAN: 이스라엘 육군소속 1급 대테러부대
④ USSS: 미국토안보부의 비밀경호국으로 대통령 및 정부주요 인사를 경호하는 부서

15. 정답 ③

해설 충성맹세는 포함되지 않는다. 인원보안에 활용되는 수단은 아래와 같다.
① 신원조사: 비밀취급인가권, 정보접근 권한을 갖는 사람에 대한 가능성 여부를 판단하는 조사활동
② 동향파악: 비밀권한 가진자, 관련인원의 지속적이고 체계적인 관찰활동
③ 보안서약: 기밀누설을 하지 않겠다는 다짐을 받는 것
④ 보안교육: 보안유지를 위한 지속적인 교육

16. 정답 ④

해설 비밀수발은 등기우편만 가능하다. 택배는 불가하며, 등기우편이라 해도 고의적으로 중간에서 비밀을 절취할 수 있어서 가능한 거의 사용하지 않는다.

17. 정답 ②

해설 대한항공 폭파는 당 35호실이 실시하였다. 북한은 2009년 러시아GRU(총참모부 정보총국)을 모델로 하여 당작전부, 당35호실 등을 통합하여 정찰국에서 정찰총국으로 확대 개편하였다.
① 정찰총국: 최고사령관이 직접 통제하고 직접 보고받는다.
② 당 35호실: 구 대외정보조사부(당차원 해외공작기관), 현재 정찰총국 5국
③ 당 작전부: 당차원 대남공작, 간첩양성 및 남파기관, 현재 정찰총국 1국
④ 당 225국(구 대외연락부): 연락부–사회문화부–대외연락부–문화교류국(현재)

18. 정답 ①

해설 국제 조직범죄는 조직적 폭력과 테러 등으로 국가사회의 안정은 물론 국가적인 안보에도 위협을 주고 있다.

19. 정답 ④

해설 산업정보활동에서 최근 도·감청, 전자파, 영상 등 첨단장비를 이용한 핵심기술 수집이 점차 증가 추세에 있다. 그러나 산업정보 특성상 문건이나 파일 등 구체적인 내용을 입수하는 것이 매우 중요하므로 인간정보를 통해 수집하는 과정에서의 부수적으로 활용하는 경우가 많다.

20. 정답 ③

해설 사이버범죄 유형은 ①해킹과 관련된 범죄와 ②해킹과 무관한 범죄로 구분된다.
이 두가지 요소는 ①전통적범죄와 ②새로운 범죄로 다시 구분할 수 있는데, 전자문서도용·변조 는 해킹과 관련된 새로운 범죄유형이다.

21. 정답 ④

해설 ① 국가정찰국(NRO): 미국 군정보기관(영상·신호정보)
② 정보사령부(DIC): 한국 군정보기관(공개, 인간, 영상, 징후계측정보)
③ 전략정보사령부(KSA): 독일 군정보기관(신호, 영상정보)
④ 정보방첩실(OICI): 미국 에너지부 부문 정보기관

22. 정답 ②

해설 영국 비밀정보부(SIS)는 해외정보를 전담하는 분리형 정보기관이다.

23. 정답 ②
•해설• 영국 보안부(SS)는 내무부 소속이다.

24. 정답 ①
•해설• 이란 핵보안국(오하브2)은 종교지도자소속으로 국가정보기관은 아니다.

25. 정답 ④
•해설• 국군 사이버작전 사령부는 전시 및 평시에 북한군의 사이버 작전 및 공격에 대비하여 대응작전을 실시하는 작전 부대이다.

02회 정답 및 해설

01	②	02	②	03	②	04	①
05	③	06	③	07	④	08	①
09	④	10	③	11	③	12	①
13	①	14	①	15	②	16	②
17	②	18	③	19	④	20	①
21	④	22	③	23	④	24	①
25	②						

01. 정답 ②
•해설• 신호정보는 777사령부 기능이다.

02. 정답 ②
•해설• 우리나라에서 국회의 임명권은 정보기관 통제수단이 아니다.

03. 정답 ②
•해설• ② 흑색선전이다. 출처를 숨기는 이유는 대상국 국민들을 설득하는데 유리하고, 노출시에 외교문제 발생의 문제를 차단하기 위해서이다.

04. 정답 ①
•해설• 통일부에서 북한자료센터를 운영한다.

05. 정답 ③
•해설• 산업기밀보호법 위반죄는 검찰청, 경찰청에서 다룬다.

06. 정답 ③
•해설• 정보기관의 국내에서는 합법적으로 승인받으며, 대상국에서도 가능한 불법을 지양해야 하며, 국제적으로도 활동이 용인되지 않는다.

07. 정답 ④
•해설• DRSD는 프랑스 국방정보보안국으로 국방부산하의 군정보기관이다.

08. 정답 ①
•해설• SIS는 비밀정보부로 해외정보 및 비밀공작기관이다. 나머지는 국내방첩기관이다

09. 정답 ④
•해설• CIA는 9.11테러와 상관없는 기관이고 나머지 9.11테러이후 창설된 기관 및 부서, 법령이다.

10. 정답 ③
•해설• ③ 테러리스트 감시센터(TSC)는 FBI 국가안보부 방첩국에서 운용한다.

11. 정답 ③
•해설• ③번은 대테러센터장이 발령하는 테러경보이다.
사이버방호태세(CPCON)은 경보는 5단계(5급,4급,3급,2급,1급)로서 합참의장이 발령한다.

12. 정답 ①
•해설• 한국인터넷진흥원(KISA)이다.

13. 정답 ①
•해설• 첩보기본요소(EEI)이다.

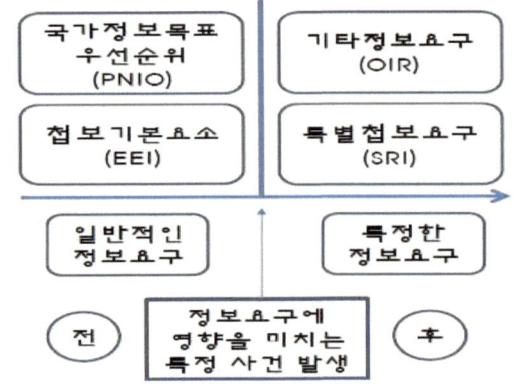

14. 정답 ①

•해설• 워너크라이(WannaCrypt)또는 컨피커 웜은 2017년 5월 12일부터 등장한 랜섬웨어 멀웨어 툴로서 이메일, 파일공유를 통해 유포되는 일반적인 랜섬웨어와 달리 운영체제(OS) 윈도우의 취약점을 악용해 네트워크에 연결된 PC들을 무작위로 자동 감염시키는 웜(Worm) 형태이다. 전세계 23만대 이상 감염시키고 돈을 요구하는 신종테러로, 로버트 해니건 전 영국 정부통신본부(GCHQ) 국장은 북한이 외화 탈취를 위해 워너크라이 공격을 자행했다고 주장하였다.

15. 정답 ②

•해설• 테러대책 실무위원회 위원장은 대테러센터장이다.

16. 정답 ②

•해설• 오사마 빈라덴이 창설한 '알카에다' 이다.

17. 정답 ②

•해설• 황장엽 암살조 파견은 2010년이고, 나머지는 2000년 이전의 사건이다.
① 버마 아웅산 묘지 폭파(1983.10월)-정찰국(정찰총국 2국)
② 황장엽 암살조 파견(2010.4월)-정찰총국(소좌 2명 검거)
③ 대한항공 858기 폭파(1987.11월)-당 35호실(정찰총국 5국)
④ 귀순자 이한영 피살(1997.2월)-당 225국(대외연락부)

18. 정답 ③

•해설• ③ 경제정책 개입이다. 적극적으로 개입하여 경제불안과 혼란을 조성하고 정치적 불만과 폭동을 유발시키기 위함이다.

19. 정답 ④

•해설• 최은희-신상옥 납치는 당 35호실에서 실시하였다.(1978.10월)-김정일 지시에 의거 시행하였다.(김정일이 실토)

20. 정답 ①

해설 ① 대한무역진흥공사: 산업정보와 무관, 무역촉진기구
② 국가정보원 산업기밀보호센터: 산업기밀보호 통합통제
③ 군사안보지원사령부: 방위산업기술 보호
④ 중소기업기술정보 진흥원: 기술유출방지시스템 구축

21. 정답 ④

해설 ④번 조직을 확대 및 확충하여 전방위적 활동 강화는 효율성을 강조하는 정보혁신에 배치된다.

22. 정답 ③

해설 ③번 국가안보를 위한 통신제한조치-통신기밀보호법이다.

23. 정답 ④

해설 ① SVR(해외정보부): 대통령소속
② BND(연방정보국): 수상 소속
③ 모사드(Mossad): 수상 소속
④ FBI(연방수사국): 법무부장관 소속

24. 정답 ①

해설 특별통제구역이라는 명칭은 없다.

25. 정답 ②

해설 한국의 아리랑은 상업위성이다.
① 키홀(Key hole): 미국 ③ 코스모스: 러시아 ④ 젠빙(첨병): 중국

03회 정답 및 해설

01	③	02	①	03	④	04	②
05	②	06	③	07	②	08	④
09	④	10	①	11	④	12	③
13	①	14	④	15	②	16	④
17	①	18	②	19	④	20	③
21	③	22	①	23	②	24	①
25	④						

01. 정답 ③
- **해설** 제니퍼심슨(정보학자, 더많은 군사스파이 저자)은 정보를 "정책결정자를 위해 수집되고, 조직화되고, 분석된 지식이다"라고 정의하였다.

02. 정답 ①
- **해설** 정보와 정책의 관계
  ① 전통주의: 정보와 정책은 거리를 둠. 셔먼켄트, 마크 로웬탈 주장, 현용정보 중시
  ② 행동주의: 정보와 정책은 밀접한 공생관계. 로저힐스만 주장, 판단정보 중시

03. 정답 ④
- **해설** 주석전쟁(책임회피위한 분석)은 정보분석관 오류이다.

04. 정답 ②
- **해설** 국가정보학의 기능은 국가정보활동의 이론적 뒷받침과 합리적이고 민주적 발전을 도모하고 기여하는데 있다. 건전한 비판을 통해 발전하는 것이 진리이며, 비판을 억제하는 것은 모든 학문의 기능과 배치된다.

05. 정답 ②
- **해설** 산업정보활동을 통해 방산업체, 주요 핵심기술을 보유한 민간업체 등도 국가차원에서 주요한 고객이다.

06. 정답 ③
•해설• 한국의 국가정보원장은 각 정부처의 정보요구를 종합하여 국가정보목표 우선순위(PNIO)를 작성한다.

07. 정답 ②
•해설• 인간정보는 기술정보, 공개정보와 함께 3대 주요수집수단이다.

08. 정답 ④
•해설• 마신트(징후계측정보)는 기술정보의 한 분야로서 레이더 주파수, 적외선, 레이저, 핵방사능 등 정보를 통해 핵 및 미사일의 발사여부, 종류, 사거리 등을 추적한다. 원격측정정보(텔릴트)는 신호정보의 한분야이다.
* 한국 국군정보사령부에도 MASINT(제어계측 정보단) 기능이 창설, 운영 중에 있다.

09. 정답 ④
•해설• 물리적보안의 기준으로 통제구역, 제한구역, 제한지역 3가지가 있다. 정답은 제한지역지역이다. 각종 군사시설, 국가 중요한 시설(원자력 발전소, 정부청사, 주요국책연구소 등)등이 여기에 해당한다.

10. 정답 ①
•해설• ① 정보기관 정식요원: 정보관, 공작관
② 정보관(공작관)에 고용된 인원: 공작원, 스파이, 정보원, 첩보원, 이들은 모두 신분상에 정보기관의 정식요원이 아니다

11. 정답 ④
•해설• 9.11테러(2001년)이후 정보개혁 및 테러방지법(2004년)에 의거하여 DNI, 국가대테러센터 등이 창설되었다. DCI는 9.11테러이전 CIA장이 겸직했던 정보기구협의체이다.

12. 정답 ③
•해설• CPCON은 민간에게 통보하거나 발령하지 않고 군내부에만 적용한다.

13. 정답 ①
•해설• 북한군의 사이버전(정보전, 사이버공격)에 대비한 기관은 합참 예하 국군사이버작전사령부이다.

14. 정답 ④

•해설• 공군 항공구조팀(SART: Special Airforce Rescue Team)dms 적진에 낙하된 조종사를 구출하는 특수부대이다. 현재, 공군 공정통제사부대(CCT)는 대테러부대(2급)에 지정되었다.(2020.7월 지정)

15. 정답 ②

•해설• 암호는 2급비밀에 속한다.

16. 정답 ④

•해설• 국내방첩기관은 국정원, 경찰청, 해경청, 방첩사령부, 법무부 및 관세청(2018.11월 지정), 특허청 (2024.2.24. 지정) 등 7개기관이다. 정보사령부는 정보수집기관이다.

17. 정답 ①

•해설• ① 애국법(2001년): 테러방지위해 수사기관의 대테러활동 권한을 강화한 법
② 국제테러규제법(1984년): 테러지원국 원조중단 및 제재조치 강구
③ 자유법(2015년): 법원의 영장없이 무차별 도·감청을 제재한 법
④ 종합방지 테러법(1996년): 연방정부의 테러 수사권 강화, 테러범에게 법정 최고형 구형강화(1995년 오클라호마 연방청사 폭탄 테러이후)

18. 정답 ②

•해설• 한국의 산업기술유출 실태보고(2023년)에서 핵심기술 유출 품목 건수는 186건으로, 반도체 34건, 조선 28건, 디스플레이 27건 순이다. 대상국가는 중국(50%이상), 대만, 일본, 미국, 독일, 스페인, 영국 순이었다.
* 2016~2022년 한국 산업기술 해외유출 실태: 총 186건중 44건(23.7%)이 국가핵심기술이었다.(출처: 한스경제, 2023.6.12.)

19. 정답 ④

•해설• 미-중간 패권경쟁은 정치적인 원인이 될 수 있다.

20. 정답 ③

해설 국가비확산센터는 무관하다.
① 엑슨 폴리오법(1988년): 외국기업이 미국회사 인수시 국가안보차원 위협요인 심사
② 경제방첩 프로그램(1996년): 경제 기밀보호를 위한 방첩 및 범죄수사관할권 확대 프로그램
③ 국가비확산센터(2001년): ODNI산하 대량살상무기 확산금지를 위한 감시 및 정보수집 부서
④ 국가방첩센터(2001년): ODNI산하 조직으로 미국경제 및 산업에 대한 외국 스파이 활동 정보를 종합하여 관련정보공동체에게 지원

21. 정답 ③

해설 전략정보사령부(KSA): 독일 군정보기관(신호, 영상정보)

22. 정답 ①

해설 DIA의 기능(국가정보기관 제외 이유)
① 국방부 예하정보기관 조정, 통제(한국 국방정보본부와 유사)
② 예하 정보종합 및 분석업무(정보수집, 분석에 치중)
※ 국방부 예하 모든 정보기관 조정 통제 역할에 충실

23. 정답 ②

해설 영국 비밀정보부(SIS, MI6)는 외무부 소속이다.

24. 정답 ①

해설 북한 정찰총국은 군 정보기관이다.

25. 정답 ④

해설 국방지형정보단은 2018년 11월부로 국방지형정보단(정보본부 산하기관)에서 국군정보사령부 지리공간정보여단 지형정보단으로 소속과 명칭이 변경되었다.

04회 정답 및 해설

01	②	02	①	03	③	04	④
05	④	06	②	07	③	08	④
09	①	10	①	11	④	12	①
13	④	14	②	15	④	16	④
17	①	18	②	19	④	20	③
21	③	22	①	23	②	24	③
25	①						

01. 정답 ②
•해설• 국가정보학의 기능은 정보기관의 활동이 국익에 부합하도록 합리적인 비판을 통해 대안을 제시하는 것이지 정보활동을 억제하고 통제하기 위한 것이 아니다.

02. 정답 ①
•해설• 국가 위상 및 이미지 제고는 정보기관의 활동이 아니어도 문화, 경제, 스포츠 등 다방면에서 가능하다.

03. 정답 ③
•해설• 첩보는 검증되지 않은 자료로써 모든 정보의 기초가 된다.

04. 정답 ④
•해설• 전략정보는 전쟁을 전반적으로 이끌어 가는 방법이나 책략을 계획하는 제대로서 작전사령부급 이상 제대에서 주로 취급한다. 군단사령부이하 제대는 전술제대이다.

05. 정답 ④
•해설• CIA의 정보순환 5단계는 기획 및 지시-정보수집-처리 및 탐색-분석 및 생산-배포이다. 환류는 마크M. 로웬탈 학자가 주장하였다.

06. 정답 ②
•해설• ② 오토 웜비어: 미국 청년, 2016.1월 북한 관광목적으로 방문, 17개월 억류후 혼수상태로 풀려나 2017.6.19.일 사망함.

① 리하르트 조르게: 소련 GRU 정보요원
③ 귄터 기욤: 동독 정보요원, 브란트수상 비서
④ 로젠버그 부부: 소련정보원, 자발적 협조자

07. 정답 ③

•해설• 무궁화위성을 KT가 제작하였다. 아리랑위성은 정부(산업통상부, 교과부 공동제작), 천리안위성은 교과부, 기상청, 국토해양부, 방송위에서 공동 제작하였다.

08. 정답 ④

•해설• 델파이기법은 질적분석기법의 한 종류이다.

09. 정답 ①

•해설• 정보판단서는 판단정보에 해당한다.

10. 정답 ①

•해설• ① 애국법(2001년): 방첩 및 대테러관련 법령이다.
② 휴즈-라이언법(1974년): 최초법안, 대통령 승인후 비밀공작수행, 대통령 구두보고
③ 정보감독법(1980년): 비밀공작시 사전보고 의무화
④ 정보신원법(1982년): 비밀요원 신원공개 금지

11. 정답 ④

•해설• 제국익문사의 직원 이름은 단 1명도 알아내지 못하고 있는바, 이들의 암호체계가 그만큼 뛰어 났다는 반증이다.

12. 정답 ①

•해설• 개인적 신념에 의한 테러발생은 거의 제한적이다.

13. 정답 ④

•해설• 사이버테러법은 통과되지 않아서 현재 국가사이버안전관리규정(2013.9.2.) 및 사이버안보업무규정(2020.12.31.일부개정)에 의거하여 시행하고 있다.

14. 정답 ②

해설 ② 방위산업물자체제는 무관하다.
① 바세나르체제: 재래식무기 테러지원국 수출방지체제
② 핵공급 그룹: 핵관련 부품 수출통제 체제
③ 미사일기술 통제체제: 대량파괴무기 수출 통제체제
④ 오스트레일리아그룹: 생화학무기 수출통제 체제

15. 정답 ④

해설 ④ 고려대학교 정보보호대학원: 민간대학교 석사과정, 사이버대응기관은 아니다.
① 국가수사본부 사이버 수사국: 민간 사이버범죄 수사
② 합참 사이버작전사령부: 북한군 사이버전 대응부대
③ 국가보안기술 연구소: 과학기술정보통신부 출연 연구기관, 사이버안전기술 연구개발

16. 정답 ④

해설 지휘자동화국(전자전국)은 전시에 사이버전을 수행하는 부서로 평시에는 전시대비한 프로그램을 개발하고 있다. 평시 해킹은 정찰총국이 주관하며, 담당부서는 121국(전자정찰국, 사이버전 지도국)이고 시행부서는 110호연구소 (기술정찰조)에서 담당한다.

17. 정답 ①

해설 해킹은 소프트웨어에 대한 공격방법이다.
① 해킹: 전산망 침투, 바이러스유포, 데이터 파괴
② 전파방해: 송신시스템의 전파흐름방해, 통신망 교란행위
③ 치핑: 시스템설계단계에서 특정코드 삽입, 필요시 수시 공격
④ EMP탄: 고출력 전자파공격무기, 고출력 전자기파 이용 통신망 무력화

18. 정답 ②

해설 익명성은 사이버공간의 특징에 해당한다.
① 은밀성: 흔적을 남기지 않는다.
② 잠복성: 조건 충족시까지 잠복후 계획된 공격 실시
③ 감염성: 접속매체 감염확산
④ 비대칭성: 정보화수준이 높은지역과 낮은지역간의 차이로 피해의 차이 발생

19. 정답 ④
•해설• 보코하람은 나이지리아 테러단체이다.

20. 정답 ③
•해설• 오늘날 국제범죄는 대부분 해외정보기능을 보유한 국가정보기관에서 필요한 정보를 수집하며, 각국과 정보 공유 및 협조가 가능하기 때문이다. 단순히 방대한 조직만 보유해서 국가정보기관이 담당하는 것은 아니다.

21. 정답 ③
•해설• 마약이 합법인 국가에서 마약을 복용하였다 하더라도, 속인주의에 의거 국내법을 적용받아 처벌받는다.

22. 정답 ①
•해설• 호위사령부는 김정은을 경호하는 부대이다.

23. 정답 ②
•해설• 독일 헌법보호청은 수사기능이 없다.

24. 정답 ③
•해설• ③ 제한구역이다. 전산실, 통신실, 문서고 등이 이에 해당한다.

25. 정답 ①
•해설• 헬리오스는 프랑스의 군사정찰위성 명칭이다.
② RC-800G: 한국 금강 정찰기
③ U-2: 미국 고고도 정찰기
④ TU-95기: 러시아 정찰기

05회 정답 및 해설

01	④	02	③	03	③	04	②
05	①	06	②	07	①	08	③
09	④	10	③	11	②	12	④
13	④	14	②	15	③	16	④
17	①	18	①	19	②	20	④
21	③	22	①	23	①	24	④
25	②						

01. 정답 ④
•해설• 국내정치안정을 위하는 것은 국가와 국민, 그리고 국가이익과 국가안보와는 거리가 멀다. 정권의 정치적 안정을 도모하는 것은 정보기관의 필요성에 부적절하다.

02. 정답 ③
•해설• 국가정보의 특성은 비밀성(수집과정에서 상대방 보안방책을 뚫고 첩보수집), 합목적성(정보활동은 최대한 합법성을 유지위해 노력), 전방위성(국가정보는 다양한 분야의 정보수집이 필요)이다.

03. 정답 ③
•해설• 판단정보는 과거의 기본정보와 동태적인 현용정보를 종합하여 분석, 평가하여 미래를 전망하고 예측하는 정보이다.

04. 정답 ②
•해설• 군사시설테러본부장은 국방장관이다. 군부대관련 시설은 합참의장이 본부장이 된다.
  *테러방지법시행령 제14조 ②항, 군부대 군사시설일 경우 합참의장이 본부장이다.

05. 정답 ①
•해설• 방첩업무 규정 제2조(정의)에 나와 있는 방첩기관은 국가정보원, 해양경찰청, 경찰청, 국군방첩사령부, 법무부, 관세청, 특허청이다.

06. 정답 ②

•해설• 환경우선주의는 포함되지 않는다.
① 쇼비니즘은 폐쇄주의, 국수주의로 타 집단에 적대적태도
② 징고이즘은 광신적 애국주의, 우월의식
③ 내셔널리즘은 국민주의, 민족주의로 반제국주의적 성격

07. 정답 ①

•해설• 외교행낭은 해외 대사관에서 본국으로 보고하거나 전달할 때 활용하는 연락수단이다. (해당국의 세관점검을 받지 않음)
*외교관계에 관한 비엔나 협약(1961.4.18.일 오스트리아 비엔나에서 채택, 1964.4.24.일부 발효, 176개국이 협약에 가입, 외교관 면책특권-치외법권-외교행낭 등에 관한 협정)

08. 정답 ③

•해설• 정보과정은 단선적이 아니라 역으로 갈수도 있고 여러 가지 다양한 소순환 과정을 거치면서 분석된다. 정보는 정책을 집행하지는 않으며, 환류와 피드백은 정보순환과정에서 필요한 요소이다.

09. 정답 ④

•해설• 정보활동의 임시특별권(ad hocs)은 특별과제 발생시 정보활동의 우선순위가 재조정 되는 현상이다. 마크로웬탈은 이를 '특별권의 독재'로 표현하였다. 남용시 국가정보활동의 정상적 활동에 제한을 줄 수 있다.

10. 정답 ③

•해설• 마약류관리법은 2000년에 통합 제정되었고, 그 이전에는 마약류와 향정신성의약품이 별도법으로 제정되어 적용되었다. 병원치료용 향정신성의약품도 이 법에 적용되어 통제된다.

11. 정답 ②

•해설• ②는 군사 2급 및 3급비밀 지정권자이다.

12. 정답 ④

- 해설 ④ Footnot Wars(주석전쟁)이다. 중요첩보가 없고, 명확치 않은 상태에서 보고서는 작성해야 할 때 여러 가지 자료를 종합하여 책임회피를 위해 쟁점의 중요성과 상관없이 명확치 않게 보고서를 작성하는 행위이다.

13. 정답 ④

- 해설 국정원은 마약관련 정보수집과 범죄조직에 대한 추적감시를 실시하나, 수사권이 없어 검찰 및 경찰에 정보를 제공한다.

14. 정답 ②

- 해설 IS이다.
  ① 탈레반: 아프카니스탄 극단적 이슬람무장단체
  ② IS: 이슬람 국가 참칭(2014년 창설), 수니파 원리주의 극단적 무장단체, 무자비한 테러 및 참혹한 인질살해
  ③ 알카에다: 반미국·반유대주의 표방, 9.11테러 주도
  ④ 보코하람: 나이지리아 극단주의 이슬람 무장단체

15. 정답 ③

- 해설 칸네트워크이다. 핵기술의 거래 및 핵무기 확산을 주도한 범죄단체이다.
  * 칸네트워크: '칸 네트워크'의 중심인물은 파키스탄의 핵물리학박사 압둘 카디르 칸 박사이다. 1998년 파키스탄최초의 핵실험을 성공시킨 장본인으로 서독, 벨기에, 네덜란드에서 물리학과 농축우라늄 기술을 배웠고, 1976년 귀국 후엔 카후타 연구소를 건립하여 핵탄두 기술 개발에 전념했다. 그는 먼저 핵무장에 성공한 인도에 대항하기 위해 파키스탄도 핵무장을 해야 한다고 보았고, 나아가 그 기술을 주변국에 전파에 반서방 핵클럽을 만드는 것까지 기도했으며, 1990년대 초부터 이란, 리비아, 북한에 우라늄 농축기술과 원심분리기 도면, 부품 등을 제공해왔다. 이것이 일명 '칸 네트워크'였다. 칸 박사가 벌인 행위는 사실상 3세계 핵확산의 첫 도화선을 당기는 것이었고, 이 핵무기 확산시도에서 결코 빠질 수 없는 존재가 바로 북한의 핵무기개발과 탄도탄 기술이었다.

16. 정답 ④

- 해설 연방헌법보호청은 독일 민간부분정보기구이다.
  ① DRM: 프랑스 군사정보부
  ② AMan: 이스라엘 군정보기구
  ③ KDIC: 한국 정보사령부
  ④ BFV: 독일 연방헌법보호청

17. 정답 ①

해설 탈린매뉴얼은 사이버전쟁에서의 적용되는 국제법을 담은 지침서로 2007년 작성되었고, 이를위해 사이버방호협력센터를 설립하여 운용중에 있지만, 아직 국제적 구속력은 없다.

18. 정답 ①

해설 감사원의 국정원 감사는 감사원법에 명시되지 않았다. 감사원의 감사는 불가능하다. 국회법과 국정원법에 의거 정보위원회를 통해서만 감사를 담당한다.

19. 정답 ②

해설 정보기구가 임무를 계속해서 확장하여 법적 근거가 없는 활동까지 하려고 하는 현상은 미션 크립이다.
* 미션크립: 미션 크립(Mission Creep)은 원래 군사 작전을 설명하기 위해 사용한 단어였으나 지금은 정보기구나 기타부문에서도 사용한다.
  처음 설정한 목표에 새 목표를 추가하거나 처음의 목표를 달성했지만 새 과제를 더해야 하는 부담스러운 상황을 뜻하는 말이다.
  소말리아 내전에서의 승리를 위해 작전을 추가해야 하는 어려움을 표현하기 위해 워싱턴 포스트지가 이 용어를 처음 언론에 보도하며 1993년 사용하였다.

20. 정답 ④

해설 비밀녹음시에 처음과 끝에 그비밀 등급과 허가되지 않은 사람에게 전달, 누설할시는 관계법령에 따라 처벌한다는 경고를 하고 녹음해야 한다.

21. 정답 ③

해설 여행의 자유화로 마약 유통이 용이하다는 것은 전혀 상관이 없다. 추가로 전자상거래 활성화로 국경이 무의미 해진 이유도 마약유통활성화의 이유에 해당한다.

22. 정답 ①

해설 글로벌호크는 고고도 무인정찰기로 2020년에 한국에 4기 도입되었다.(공군항공정보단에서 운용)
* 고고도 무인 정찰기로 1998년 미국 공군에 처음 배치됐다. 최대 5,500km떨어진 곳까지 날아가 20km상공에서 북한 면적보다 넓은 14만 평방킬로미터를 36시간 정찰하고 돌아올 수 있는 성능을 갖고 있다. 30cm 길이의 물체까지 식별한다. 수집된 정보는 실시간 영상 화상 형태로 지상기지에 전송된다.

23. 정답 ①
•해설• 태국 치앙마이는 1990년대 초반 마약왕 쿤사조직이 대량의 마약재배를 하였으나, 1996년 태국군에 의해 토벌되었다.
현재, 남미의 콜롬비아·볼리비아에서 대량 재배중이며, 아프가니스탄의 탈레반정권시에 대량재배한 후 UN에서 콩재배로 전환유도 하였으나, 여전히 마약을 산간지역에서 재배하고 있다.

24. 정답 ④
•해설• ④ 반국가단체 구성-국가보안법 제3조이다.

25. 정답 ②
•해설• 보위사령부는 군내 인민군 사찰, 동향감시, 방첩 등을 주임무로 한다. 한국 방첩사령부와 유사하다.

06회 정답 및 해설

01	④	02	①	03	④	04	①
05	①	06	②	07	④	08	④
09	②	10	④	11	③	12	④
13	④	14	④	15	②	16	②
17	③	18	④	19	①	20	①
21	④	22	④	23	③	24	③
25	③						

01. 정답 ④

•해설• 앨빈토플러는 미래학자이다.
① 셔먼켄트: 예일대 역사학교수, 전 CIA 분석국장, 정보학자
② 제프리 리첼슨: 국가안보기록보관소 선임연구원, 정보학자
③ 아브람 슐스키: 랜드연구소 연구위원, 정보학자

02. 정답 ①

•해설• 영상정보, 신호정보는 기술정보의 한 부분으로 하위개념이다. 인간정보는 전혀 다른 성격이다.

03. 정답 ④

•해설• ④ Swam Ball은 정보분석관 오류의 형태이다.
* Swam Ball: 정보분석관들이 정보소비자가 원하는 정보 이슈에 매달리는 현상을 말한다.

04. 정답 ①

•해설• 특정적 이익은 포함되지 않는다.
※ 국가이익의 종류(미국 국가이익 우선순위)
① 사활적이익: 국가존립을 위협하는 사태, 국가간 전쟁 같은 상황에서 대통령의 깊은 주의, 결단, 조치가 필요
② 핵심적이익: 국가안전보장과 질서에 치명적인 손실 초래할 우려가 있는 사항
③ 중요한이익: 적절한 대응없이 방치할 경우 심각한 손해가 예상되는 사항
④ 지엽적이익: 방치하더라도 비교적 적은 손실만 예상되는 상황

05. 정답 ①

해설 베이지안기법은 양적분석기법이고, 나머지는 모두 질적분석기법이다.

06. 정답 ②

해설 Pearl Harbor 하와이 미해군기지 진주만이다.

※ 비밀공작시, 혹은 비밀의 상호전달 방법
① Brush Pass: 스치면서 건네기
② Letter Box: 비밀사서함
③ Devoke: 무인포스트

07. 정답 ④

해설 현용정보보고서는 기본정보에서 변화하는 동태적인 사항에 관련된 정보로서 일일, 혹은 주간단위로 요약하여 보고하는 문서이다.
① 대통령 일일브리핑
② 국가 일일정보
③ 고위정책 정보요약 이 여기에 해당한다.
그러나, ④ 특별정보보고는 판단정보보고서로 기본정보와 현용정보를 바탕으로 미래의 일을 예측하거나 중요정보를 예측하는 형태의 판단보고서이다.
(예: 국가정보판단, 연구보고서, 정보메모, 국방정보평가 등)

08. 정답 ④

해설 흑색요원은 외교적인 보호를 받을 수 없다. 만약 외교적으로 보호한다면 국가의 불법이 노출되므로 외교갈등, 외교문제로 비화되어 국가간의 마찰이 발생하므로 그럴듯한 부인(위장부인)으로 국가의 개입을 부인한다.

09. 정답 ②

해설 일반범죄수사와 방첩수사는 분명한 차이점이 있다. 일반범죄는 범죄자에 대한 체포구속이 목적이지만, 방첩수사는 간첩단체나 일망을 타진하는 것이 목적이다. 또한 일반수사는 범죄행위 후에 수사하지만, 방첩수사는 간첩행위 이전에 예방, 차단함이 더욱 중요하다.

10. 정답 ④

해설 GCHQ는 영국 정부통신본부이고, 나머지는 방첩과 관련이 있다.
① 코인텔프로: FBI 방첩프로그램
② 탈론: 국방부 9.11테러이후 국제범죄조직 및 조직원의 방첩데이터베이스 시스템
  * 사이버전대비 국제적 매뉴얼인 탈린(Tallin Manual)과 탈론(TALON)은 다름.
③ CIFA(Counter intelligence Field Activity): 국방부내 방첩업무 부서(방첩전문가양성, 기술개발)

11. 정답 ③

해설 ③ 정보수권법(1991)은 비밀공작시 대통령이 사전보고를 의무화 법률이다. 나머지는 테러와 관련된 법률이다.
① 항공기 납치규제법(1974): 항공기 테러방지 법령
② 종합테러방지법(1996): 테러수사권 강화(1995년 발생한 오클라호마 연방청사 차량폭탄테러로 168명 사망, 강화된 법)
④ 애국법(2001): 9.11테러이후 테러활동 강화를 위한 법

12. 정답 ④

해설 사이버전을 사이버정보전으로 사용하는 경우도 있다. 모든 사이버전은 사이버작전사령부가 대응하며, 국가정보원이 협력한다. 정보기관이 사이버전에 대응하는 경우는 없다.

13. 정답 ④

해설 러시아는 마약을 합법화한 국가가 아니다.
※ 세계적으로 마약을 합법화한 국가
  ① 네덜란드: 대마초(마리화나) 합법화(2018년)
  ② 우루과이, 캐나다: 대마초 합법화(2018년)
  ③ 미국: 미시간주, 유타주, 미주리주 의료용 대마초 합법화
     콜로라도주(2014년), 워싱턴주(2012년) 대마초 합법화
     일리노이주(2019년) 대마초 합법화
  ④ 태국: 대마초 합법화(2022년)
  ⑤ 독일: 대마초 합법화(2024년)

14. 정답 ④

해설 세계군사 정찰위성이 공통점이고, 프레데터는 미국의 중고도 무인정찰기이다.
① 제니트: 소련 최초의 군사위성(1962년)
② FSW: 중국 최초의 군사위성(1975년)

③ 헬리오스: 프랑스 최초의 군사위성(1995년)
* 미국: 코로나(세계최초 군사위성, 1959년), 키홀시리즈(현재)

15. 정답 ②
•해설• 미국 DNI장의 권한은 다음과 같다.
① 국가정보에 대한 총괄 접근권
② 정보우선순위 결정권
③ 정보공동체 업무 조정·감독권
④ 정보기구 예산분배권
    (정보기구 총예산: 750억달러/89조원)
* DNI장은 정보기관장(6개기관) 임명시 추천(동의)권만 있으며, 정보기관장의 직접 임면권(임명 및 면직권)은 없음.

16. 정답 ②
•해설• DNI는 기관장에 대한 임명에 대한 동의권외에 다른 정보기관의 주요직에 대한 인사권은 행사하지 않는다.

17. 정답 ③
•해설• 육군정보보안사령부(INSCOM)은 육군소속의 육군총장이 직접지휘 운용하며, 다만 업무적으로 조정·통제할 수 있다.

18. 정답 ④
•해설• JIC은 정보기구를 조정 통제하는 콘트롤타워기구이지만, 회의체이다.
내각정보안조조정관은 수상 직속기관으로 JIC의 의장직을 겸직하며, 실무적으로 정보업무에 대한 지침을 제공하고, JIC내 각 정보기관의 정보 및 보안업무를 조정하는 역할을 한다.

19. 정답 ①
•해설• 국제범죄조직 등에 대한 정보수집외 수사권은 없다.
2020.12.15.일 개정된 법에서 모든 수사권은 국가수사본부(2024.1.1.일부)로 이관한다.

20. 정답 ①
•해설• 1973년 욤키푸르전쟁 예측 실패는 정보활동의 실패사례이다.
② 검은 구월단 지도자 암살: 1972년 뮌헨올림픽에서 이스라엘선수단 인질사건을 일으킨 검은 9월단 관련자를 모두 암살하였다.

③ 미국으로부터 핵무기용 고농축 우라늄 획득: 1968년 미국전략물자인 고농축 우라늄을 미국 펜실베니아 소재 뉴멕사를 통해 위장 도입하였다.
④ 아돌프 아이히만 납치: 2차대전당시 친위대 장교로 유대인학살에 관여한 아돌프 아이히만을 아르헨티나의 은거지를 추적하여 체포후 이스라엘로 압송 처형하였다.(1962.5.21.)

21. 정답 ④
- **해설** 방첩사령부의 수사는 군 방첩(간첩 및 군사기밀유출)과 방위산업기술유출 등 군 방첩 및 보안분야에만 실시한다.
기타 군내 일반범죄는 군사법경찰(헌병) 및 군 검찰이 담당한다.

22. 정답 ④
- **해설** 국가정보원법 제 13조에 의거 국회에서 국가정보원장은 국가안전보장에 중대한 영향을 미치는 국가기밀사항은 정보위원회에서도 자료제출 및 답변을 거부할 수 있다.

23. 정답 ③
- **해설** 산업연구원은 산업정보활동을 위한 기관이 아니다.
  ① 산업기밀보호센터: 국정원 기구로서 산업스파이색출, 감시, 차단위한 정보활동을 수행한다.
  ② 국가수사본부 수사국 경제범죄수사과에서 산업기술유출범죄 수사를 전담한다.
  ④ 한국산업기술보호협회(KAIT): 2007년 국가핵심기술의 유출방지를 위해 산업통산부와 국정원의 도움을 받아 설립, 민관의 허브역할을 담당한다.

24. 정답 ③
- **해설** 군형법은 산업기술보호와 관련이 없다.
  ① 산업기술 보호법: 산업기술 보호관련 주 법령
  ② 방위산업기술 보호법: 방위산업기술 보호관련 법령
  ④ 대외무역법: 대외무역법 제19-31조에 전략물자에 대한 수출 통제 규정
  * 전략물자란?
    국제평화와 안전유지, 국가안보위해 수출입에 제한을 받는 물품으로 재래식무기, 대량파괴무기, 미사일 제조 기술, 기타 군사관련 첨단 소프트웨어 기술 등이 포함된다.

25. 정답 ③
- **해설** 영국의 형벌이 틀린 내용이다.
영국 공무상 비밀누설죄: 2년이하 징역형, 벌금

07회 정답 및 해설

01	④	02	③	03	③	04	②
05	④	06	③	07	③	08	③
09	②	10	①	11	③	12	②
13	①	14	④	15	②	16	②
17	④	18	③	19	①	20	④
21	③	22	①	23	③	24	④
25	④						

01. 정답 ④
•해설• 9.11테러이후 정보기관들이 충분한 역할이 미흡하였다고 판단, 의회는 정보공동체에게 대안분석을 통한 분석보고서를 제공토록 강력하게 요구하였다.

02. 정답 ③
•해설• a-b-d-c
 a. 다대포 무장간첩 침투(1983년)
 b. 강릉 잠수함 침투(1996년)
 c. 연평도 포격(2010년)
 d. 2차 서해교전(2002년)

03. 정답 ③
•해설• 제7조(찬양, 고무 등)에서 위와 같은 사항은 7년 이하의 징역형에 처한다.

04. 정답 ②
•해설• 일반주민에 대한 간첩 및 반당 반체제활동자 색출은 국가보위성(국가안전보위성)이 담당한다.

05. 정답 ④
•해설• 정책정보는 보안정보와 함께 사용목적으로 분류한 정보의 유형이다.

06. 정답 ③
•해설• 문제는 시나리오 전개기법은 사안에 대하여 미리 시나리오를 구상, 하나하나 검증 및 평가하여 피해를 최소화하고 사전에 대비하는데 유용하다.

07. 정답 ③
•해설• 정보분석보고서는 판단정보이다.

08. 정답 ③
•해설• 비밀공작은 가능한 외교전을 수행하고 최후에 수행한다.

09. 정답 ②
•해설• 비밀의 원본은 파기해서는 안되며, 시행령에 따라 기록물 전문 관리기관에 이관해야 한다.

10. 정답 ①
•해설• 행정역역별 분류는 민간부문과 군부문으로 구분한다. 따라서 CIA는 민간정보기구이다.

11. 정답 ③
•해설• 한국군에 대한 주요 임무는 정찰총국이 담당한다.

12. 정답 ②
•해설• 산업정보관련 기관
① 방첩사령부: 방위산업보안관리
② 방위사업청: 군사무기 수출 및 수입관리
③ 국가수사본부 수사국 경제범죄수사과: 산업보안 수사
④ 중소기업 기술정보진흥원: 기술유출방지 시스템구축, 프로그램연구

13. 정답 ①
•해설• 기업인수합병은 국제범죄의 특징에 해당한다.

14. 정답 ④

해설 ① 청와대 기습(1968년): 정찰국
② 강릉 잠수함 무장공비 25명 침투(1996년): 정찰국
③ 아웅산묘소 폭파(1983년): 정찰국
④ 이한영 피살(1987년): 당 225국(대외연락부-225국-현 문화교류국)

15. 정답 ②

해설 대테러인권 보호관은 국무총리가 임명하며 임기는 2년이다.

16. 정답 ②

해설 랜섬웨어이다. 북한이 많이 사용하면서 돈을 갈취하는 수법이다.

17. 정답 ④

해설 ① 글로벌 호크(RQ-4): 2019~2020년 4대도입(미국, 무인정찰기, 영상정보수집)
② RC-800G: 금강정찰기(미국, 영상정보수집)
③ Falcon 2000: 백두정찰기(프랑스, 신호정보수집)
④ RC-135: 미군 정찰기(신호, 영상정보수집, 32대 운용)

18. 정답 ③

해설 국군사이버작전사령부는 국방장관소속이나, 합참의장이 직접 지휘·통제한다.

19. 정답 ①

해설 의회의 가장 강력한 통제권은 입법권이다. 법률로 제정하여 통제하는 방법이 가장 강력하고 효과적이다.

20. 정답 ④

해설 공격적 방첩활동으로 기만에 대한 내용이다.

21. 정답 ③
해설 비밀은 생산-접수시 비밀관리기록부에 반드시 기록해야한다.

22. 정답 ①
해설 선전공작-정치공작-경제공작-전복공작-준군사공작 순으로 폭력성이 높아진다.

23. 정답 ③
해설 순환과정에서 특별과제 발생시에 정보기관의 정보할동 우선순위가 재조정되는 현상으로 '특별권의 독재'라고 불리는 것은 임시특별권이다.

24. 정답 ④
해설 소련의 정보원 포섭시 기준요소
M(Momey, 돈), I(Ideology, 이념, 사상), E(Ego, 자존심), C(Compromise, 약점과 타협) 등이다.

25. 정답 ④
해설 ① DI(영국 국방정보부)
② DIA(미국 국방정보국)
③ DRM(프랑스 군사정보부)
④ GCHQ(영국 정부통신본부)

08회 정답 및 해설

01	②	02	③	03	④	04	④
05	①	06	②	07	①	08	①
09	④	10	①	11	④	12	④
13	④	14	①	15	③	16	①
17	②	18	③	19	①	20	④
21	②	22	③	23	②	24	④
25	③						

01. 정답 ②
•해설• 내간은 적국공무원을 포섭하여 정보를 수집하는 것을 말한다.

02. 정답 ③
•해설• 법률제 17163호'에 의거 2020.3월 31일부로 개정된 법령 제36조에서 산업기술의 국내유출을 10년하징역(종전 7년이하), 10억원이하 벌금(종전 7억원)으로 상향조정하였다.

03. 정답 ④
•해설• 국가정보학의 기능은 국가정보활동에 대한 정당성을 부여하고 정보기관의 부정적 인식을 전환시킨다.

04. 정답 ④
•해설• 국가정보활동의 체계적인 정보 순환과정에 관한 연구는 기능적 접근 방법이다.

05. 정답 ①
•해설• 첩보는 목적성을 가지고 의도적으로 수집한 자료로써, 신문, 방송, 뉴스, 정보기관 수집내용 등이다.

06. 정답 ②
•해설• 이스라엘의 정보조정 및 통제기구는 정보기관장위원회(VARASH)이다.

07. 정답 ①
해설 협조자는 '자발적 협조자'의 약어로 고용관계가 아니고 신념과 사상, 애국심 등에 금전거래 없이 자발적으로 비밀을 제공해주는 수단이다.

08. 정답 ①
해설 1번선지는 공직가장의 단점에 해당하는 내용이다.

09. 정답 ④
해설 브레인스토밍 기법의 강점은 여러사람의 의견을 비판없이 수용, 그내용을 종합해서 최적의 결과를 도출하는 데 유용하다. 중요한 전략문제 등 분석시에 적용한다.

10. 정답 ①
해설 정치공작 방식 중 하나로 영향공작에 해당한다.

11. 정답 ④
해설 미국 정보학자인 아브람 슐스키가 말한 방첩의 개념이다.

12. 정답 ④
해설 한국의 방첩기관은 국정원, 경찰, 해양경찰청, 방첩사, 법무부, 관세청. 특허청등 7개기관이다. 특허청은 2024년도에 추가 지정하였다.

13. 정답 ④
해설 병무청장은 미포함된다. 정부부처는 장관급이고, 국방부의 경우는 장관이 지정하는 각급부대장(국방부 직속 정보기관장, 합참의 본부장 급 등)이 해당된다.

14. 정답 ①
해설 컴퓨터통신 등을 악용하여 사이버공간에서 행해지는 각종범죄는 사이버 범죄를 의미한다.

15. 정답 ③
해설 국가안전보위성은 국무위원장 직속기관이고 나머지는 최고사령관 직속기관(부대)이다.

16. 정답 ①
해설 국가정보기관의 산업정보활동중에서 민간기업의 핵심기술은 수집 중점에 해당되지 않는다. 순수공공재는 국방, 외교, 복지, 보건 등 공공성 재화를 의미한다.

17. 정답 ②
해설 방위산업통제체제는 해당되지 않는다.
※ 4대 국제수출통제체제
① 바세나르체제: 재래식무기 거래 및 수출통제
② 미사일기술 통제체제: 대량파괴무기기술 거래 및 수출통제
③ 핵공급그룹: 핵무기 및 핵기술 거래 및 수출 통제
④ 오스트레일리아그룹: 생화학무기 거래 및 수출 통제

18. 정답 ③
해설 ① 국가안전보장회의: 대통령주관하 각부처장관 및 주요인사가 참석하는 국가안보차원의 최고회의체, 여기에서 정보기관의 업무를 지시감독한다.
② 정보감독위원회(1976년): 포드대통령이 칠레의 아옌데정권 붕괴를 위한 불법활동에 대한 행정부 자체 조사위원회
③ 이노우에해밀턴위원회(1987년): 이란-콘트라사건의 조사를 위한 의회의 조사위원회
④ 록펠러위원회(1975년): 포드 대통령재직시 록펠러부통령에게 정보기구들의 불법행위들을 자체 조사하도록 한 위원회

19. 정답 ①
해설 지휘자동화국은 총참모부 소속으로 전시에 사이버전을 수행하는 부서이다.

20. 정답 ④
해설 마약류의 종류에는 마약과 향전신성의약품, 대마가 포함된다.(법령 제2조)

21. 정답 ②
해설 피그스만 침공사건은 대표적인 준군사공작으로 군사무력을 동원하여 대상국에게 직접적인 타격을 가할 목적으로 행하는 비밀공작으로 가장 폭력적이다.

22. 정답 ③
해설 정보메모는 판단정보보고서로 CIA가 정책부서의 요구에 의해 관련이슈에 대하여 좀 더 상세하게 분석한 자료이다.

23. 정답 ②
해설 원격측정정보는 신호정보의 한 부분이다.
대정보는 적대국가와 관련된 대간첩용의점, 혹은 대공용의점을 분석 판단하는 정보로써 정보사령부에서 C팀으로 불리며 육군 각군단급 이상부대를 지원하고 있다.

24. 정답 ④
해설
① FSB: 러시아 연방보안부/수사권보유
② DGSI: 프랑스 국내안보총국/수사권보유
③ 신베트:이스라엘/수사권보유
④ PSIA:일본 공안조사청/수사권 미보유

25. 정답 ③
해설 국가보안법 제10조에 해당하는 불고지죄에 대한 설명이다.

09회 정답 및 해설

01	④	02	④	03	②	04	③
05	①	06	①	07	④	08	④
09	③	10	④	11	③	12	①
13	②	14	④	15	④	16	①
17	②	18	③	19	①	20	③
21	③	22	①	23	④	24	②
25	①						

01. 정답 ④
- 해설: 국가정보활동은 무조건 하는 것이 아니다. 국가정책을 위해 사전에 단기 및 중장기전략을 세워서 철저하게 계획되고 준비되어야 한다.

02. 정답 ④
- 해설: 현용정보는 세계각지역의 변화하는 현상정보로도 볼 수 있으며, 일일브리핑, 뉴스, 주요국제정세동향 등이 대표적 사례이다.

03. 정답 ②
- 해설: EI는 PNIO를 작성하는 정보기관의 수집부서에서도 작성한다. PNIO를 작성하는 기관도 자체 수집부서가 있기에 PNIO를 하달하며, 수집부서는 여기에 근거하여 EEI를 작성하여 수집한다

04. 정답 ③
- 해설: 정보실패의 유형은 정보분석관오류, 정보조직오류, 정보배포상의 오류, 정보소비자 설득실패의 오류등이 있다.

05. 정답 ①
- 해설: 본부로부터 지원을 받을 수 있는 구실을 마련하는 것을 가장이라 하며, 공직가장과 비공직가장이 있다.

06. 정답 ①
•해설• 한국의 국가정보원은 법적으로 국내정보기관을 조정 및 통제하는 근거가 없다.

07. 정답 ④
•해설• 미국-FBI는 법무부소속의 국내방첩기관이며, 나머지는 국방부소속의 군 정보기관이다.

08. 정답 ④
•해설• ① 2001년 9.11 테러: 정보기관간 정보공유미실시, 컨트롤타워 부재등 정보기관 및 조직의 오류로 인한 정보실패이다.
② 인도와 파키스탄의 핵실험: 정보수집 및 정보판단부실로 인해 핵실험을 예측하지 못한 정보실패이다.
③ 1962년 중국의 인도 침공: 정보수집 및 정보판단부실로 인해 중국의 인도침공을 예측하지 못한 정보실패이다.
④ 2003년 이라크 내의 대량살상무기 존재: 미국은 이라크 전쟁의 명분으로 이라크 내 대량살상무기 존재를 예측했지만 무기는 발견되지 않았으며, 이라크의회의 제보를 믿고 정확하게 정보판단을 하지 못한 정보판단실패 및 정보기관의 정보왜곡 사례이다.

09. 정답 ③
•해설• 국정원이 단독으로 모든 공안범죄에 대하여 독자적으로 수사권을 갖고 있지는 않다.(경찰, 검찰, 방첩사(군내)는 별도 공안수사권 보유)

10. 정답 ④
•해설• 선전공작활동은 비밀공작의 한 유형이다.

11. 정답 ③
•해설• 모두 군사정찰위성에 대한 보유국가의 명칭이다.
코스모스(소련), 젠빙(중국), 헬리오스(프랑스), 오펙(이스라엘)

12. 정답 ①
•해설• 카페인은 커피에 들어있는 요소로 마약류에 포함되지 않는다.

13. 정답 ②

해설 사이버 테러는 개인-단체가 주도하나, 사이버 전쟁은 국가나 군이 주도하는 행위로 목적자체가 다르다. 사이버전쟁은 가상공간에서지만 엄염한 전쟁행위로 본다. 그래서 사이버전에 대한 대응기관은 군차원에서 합참 사이버작전사령부가 대응한다.

14. 정답 ④

해설 마케팅목적으로 사용하는 것이 변질되어 불특정인원에 대한 개인정보를 빼내어 악의적 및 불법적인 용도로 사용하는 악성 프로그램이다.

15. 정답 ④

해설 로웬탈의 비밀공작 사다리에 대한 설명이다.

16. 정답 ①

해설 DHS는 미국 국토안보부이다.
② GSG-9: 독일 국경수비대소속의 대테러부대
③ GIGN: 지젠느, 프랑스 국가헌병대소속의 대테러부대
④ YAMAN: 이스라엘 육군 1급 대테러부대

17. 정답 ②

해설 국가정보원법 제3조의 직무(임무)에는 비밀공작에 대한 임무수행 근거 규정이 없다.

18. 정답 ③

해설 1989년 감찰관법을 제정하여 먼저 CIA부터 감찰관제도를 도입하고, 이후에 NSA,NRO,FBI등에 설치하여 운용중에 있다.
① 정보감독법(1980): 휴즈-라이언 개정법(비밀공작시 의회에 구두로 사전보고 의무화, 부득이시 사후에 구두보고)
② 정보신원법(1982): 정보기관요원 신분공개 금지 법령
④ 정보수권법(1991년): 비밀공작 추진시 서면으로 사전보고의무화, 긴급시 2일 보고유보기간 부여

19. 정답 ①

- 해설 - 국가핵심기술의 해외유출시에는 최소한 3년이상 징역, 15억원 이하 벌금형을 2020년 3월 31일부로 신설하였다.

20. 정답 ③

- 해설 - ① VAVAK: 이란 비밀정보부, 통합형 국가정보기관
  ② VEVAK: 기존 SAVAK를 확대 개편(해외, 국내)함(1984년)
  ③ VARASH: 이스라엘 정보기관 조정 및 통제기구
  ④ SAVAMA: 이란 국내 방첩 및 사찰기구

21. 정답 ③

- 해설 - 내란죄이다. 형법 제87조에 명시되어 있다.
  국토참절: 영토전부, 혹은 일부에 대하여 주권행사를 배제하고 불법적인 권력을 행사하는 행위
  국헌문란: 헌법 및 법률에 정한 절차를 의하지 아니하고 그 기능을 소멸시키는 행위

22. 정답 ①

- 해설 - ① 천리안 복합위성 2B호: 2020.2.19.일 발사, 궤도 안착, 정지궤도 위성(3만7천km)
  ② 아리랑 7호: 2022년 발사예정(해상도 0.3m급)
  ③ 천리안 복합위성 2A호: 2018년 발사, 운용 중
  ④ 아리랑 6호: 2024년 발사예정(해상도 0.5m 급)

23. 정답 ④

- 해설 - ① 방첩사령부: 방위기술유출 범죄 수사
  ② 중소기업 기술정보진흥원: 산업기술 유출방지 시스템 구축사업
  ③ 한국산업기술 보호협회: 산업통산자원부 지원하에 산업기술 유출 차단, 민관의 협력시스템 역할
  ④ 방위사업청: 군수물자 수출 및 도입기관

24. 정답 ②

해설 넥스원에서 군용무전기를 납품한다.
  대우조선해양: 각종 수상함, 잠수함
  현대중공업: 각종 수상함, 잠수함
  현대로템: K-2전차, K-806전차

25. 정답 ①

해설 군형법 제 5조 반란죄에서 부화뇌동 및 단순 관여자는 7년이하의 징역이나 금고형이다.

10회 정답 및 해설

01	④	02	③	03	②	04	②
05	③	06	④	07	④	08	①
09	①	10	③	11	②	12	③
13	③	14	②	15	④	16	③
17	②	18	①	19	③	20	②
21	①	22	④	23	③	24	③
25	①						

01. 정답 ④
•해설• 합동성은 전혀 무관하다.

02. 정답 ③
•해설• 국가주요인물정보는 전략정보에 해당한다.

03. 정답 ②
•해설• 특별권의 독재는 정보활동의 임시특별권을 지칭한다.

04. 정답 ②
•해설• 리마증후군(1996년): 페루 반정부군이 리마 일본대사관인질과정에서 인질범이 인질에 동화되어 미사참여 등 공격태도가 완화되어 인명살상 등의 피해가 적었던 사건이다.

05. 정답 ③
•해설• 첩보원과 정보원은 수직관계이며, 첩보원 상호간에 수평관계를 이루지 않는다.

06. 정답 ④
•해설• 당문화교류국은 노동당총비서인 김정은이 직접 지휘통제한다.

07. 정답 ④
해설 NGA는 영상사진에 의한 지형정보이며, 나머지는 신호정보이다.

08. 정답 ①
해설 ① 코로나호(미국, 1959년, 군사용 광학위성)
② 스푸투니크호(소련, 1957년, 민간위성)
③ 익스플로러호(미국, 1958년, 민간위성)
④ 제니트호(소련, 1962년, 군사용 광학위성)

09. 정답 ①
해설 ① COBRA: 미국 항공정찰기(WC-135기)
② Vela시스템: 각국 핵실험감시용 위성감시 시스템
③ ARIES시스템: 핵, 화학폭발로 발생하는 전리층 압력을 감지하는 시스템
④ MTI시스템: 열적외선 영상을 통해 핵실험을 감지하는 위성 시스템

10. 정답 ③
해설 각종선전은 대상이 아니다. 허위정보가 추가 포함된다.

11. 정답 ②
해설 질적분석기법의 종류이다.

12. 정답 ③
해설 보호기간, 보존기간은 생산한 부서에서만 정할 수 있다.

13. 정답 ③
해설 비밀공작은 사안에 따라서 비합법적인 활동을 할 수 있다.

14. 정답 ②
•해설• 스턱스넷(Stuxnet)이다. 이 악성코드에 감염되면 산업기반이 무너지는 악영향을 초래한다. 북한이 한국의 원자력발전소에 지속적으로 해킹을 시도하도 있다.

15. 정답 ④
•해설• 러시아 KKK단은 인종차별주의 단체이다.

16. 정답 ③
•해설• SIS(비밀정보부, MI6)는 수사권이 없다.

17. 정답 ②
•해설• 국가신고센터는 없다. 국가사이버안전센터가 국가사이버안보센터로 명칭이 변경되었다.

18. 정답 ①
•해설• 테러지원국은 오로지 미국(국무부)만이 지정한다.

19. 정답 ③
•해설• 국가핵심기술의 주관부서는 산업통상부장관이다.

20. 정답 ②
•해설• 국가정보통제위원회는 없는 기구이다.

21. 정답 ①
•해설• 라캄은 1986년 해체되어 국방부와 과학기술부로 이관되었다.

22. 정답 ④
•해설• 한국에 도입한 글로벌호크(RQ-4)는 영상정보만 수집하는 장비만 탑재한다. 전자정보수집장비는 신호정보수집장비이다.

23. 정답 ③
해설 31소, 32소, 56소는 전시 사이버전(정보전)을 주도하는 지휘자동화국예하 부서이다.

24. 정답 ③
해설 SIS는 영국 외무부소속이다. 나머지는 행정수반 직속 정보기관이다.

25. 정답 ①
해설 합동정보공동체위원회는 ODNI의 예하기관이 아니고 외곽기관으로 자문기관이다.

11회 정답 및 해설

01	④	02	③	03	③	04	①
05	②	06	④	07	③	08	①
09	③	10	④	11	①	12	④
13	④	14	③	15	③	16	②
17	①	18	④	19	③	20	②
21	①	22	②	23	④	24	④
25	①						

01. 정답 ④
•해설• FSB(연방보안부)는 국내방첩기관이다.

02. 정답 ③
•해설• 대통령경호법은 정보법령에 해당하지 않는다.

03. 정답 ③
•해설• 아만은 인간정보, 신호정보, 영상정보 등을 수집하는 기능을 보유하고 있다.

04. 정답 ①
•해설• 중국 대외연락부는 당소속 정보기관이다.

05. 정답 ②
•해설• 외교상의 기밀누설은 형법을 적용받는다.

06. 정답 ④
•해설• 정보기구의 존재이유는 국가안보와 국가이익에 있기에 본연의 목적에 일탈을 방지하기 위함이다.

07. 정답 ③

해설 ① NSA: 국방부 소속 국가정보기관
② GCHQ: 외무부소속 부문정보기관
③ SVR: 대통령소속 국가정보기관
④ NRO: 국방부소속 국가정보기관

08. 정답 ①

해설 국제범죄는 정보기관과 상관없이 범죄조직간의 연대강화를 통해서 점차 확산추세에 있다.

09. 정답 ③

해설 CIA는 산업정보 수집을, FBI는 산업보안 업무를 각각 담당한다.

10. 정답 ④

해설 글로벌기업 등 일반 민간기업에 대한 동향이나 정보는 순수공공재가 아니다.

11. 정답 ①

해설 소프트웨어 공격방법의 내용들이다.

12. 정답 ④

해설 정부기관 및 공공기관은 국정원장, 민간분야는 과학기술정보통신부장관, 국방분야는 국방장관이 각각 발령한다.

13. 정답 ④

해설 아웅산묘소 폭파는 군정찰국(총참모부 소속) 소행이다.

14. 정답 ③

해설 고문 등이 허용되지 않는 국가에서 고문이 허용되는 국가로 인도하여 고문 등을 통해 정보를 수집하는 행위이다.

15. 정답 ③
•해설• 이라크는 테러지원국이 아니다. 2025년 현재 시리아, 이란, 북한, 쿠바 등 4개국이다.

16. 정답 ②
•해설• 각 특전사여단 특임대는 2선급(2급) 대테러부대이다.

17. 정답 ①
•해설• 특수보안지역이란 용어가 없다.

18. 정답 ④
•해설• 서울시청 등 관공서는 보안측정의 대상이 아니다. 보안측정은 국가보안에 관련된 시설 등을 파괴, 마비 등으로부터 보호하기위한 심사를 말한다.

19. 정답 ③
•해설• ③ 긴급통신제한조치시 36시간이내에 법원의 허가를 받지 못하면 즉시 중지해야 한다.

20. 정답 ②
•해설• 주택가격 상승설은 미미한 내용으로 기만정보의 종류에 해당하지 않는다.

21. 정답 ①
•해설• 생산원칙: 적시성, 적합성, 정확성, 간결성, 현실성, 명료성이다.

22. 정답 ②
•해설• 잠행은 공작원 신분보호방법이 아니다.

23. 정답 ④
•해설• 위원회 토의기법은 질적분석의 한 기법이다.

24. 정답 ④
해설 M, I, E외에 추가로 C(Compromise, 약점과 타협)이 포함된다.

25. 정답 ①
해설 처리된 수집내용을 각종분석기법에 적용하는 단계는 분석단계이다.

12회 정답 및 해설

01	③	02	④	03	②	04	①
05	②	06	②	07	①	08	①
09	④	10	②	11	④	12	②
13	④	14	①	15	②	16	③
17	③	18	③	19	②	20	②
21	④	22	①	23	③	24	④
25	①						

01. 정답 ③

•해설• SVR(해외정보부)는 해외정보수집기관이다.
① NIS: 국가정보원
② MSS: 국가안전부
③ SVR: 해외정보부
④ CIRO: 내각정보조사실

02. 정답 ④

•해설• 민간인의 간첩죄는 형법 제98조에 해당한다.

03. 정답 ②

•해설• 국가정보원은 정보기구의 조정통제기구가 아니다.

04. 정답 ①

•해설• 정찰총국은 최고사령관 직속 군사정보기관이다.

05. 정답 ②

•해설• 외교상의 기밀누설은 형법을 적용받는다.

06. 정답 ②

해설 입법부의 통제에는 입법권, 예산편성권, 국정조사 및 감사, 정보기관장 인사청문회, 대정부질의 등이 있다. 즉, 정보기관장 인사청문회를 통해 부적격자로 부동의 할 수는 있으나, 정보기관장의 임명 및 해임할 권한은 대통령에게 있다.(국회법에 국가정보원장은 탄핵소추대상자로 미적시 되어있음)

07. 정답 ①

해설 ① 전파방해: 하드웨어 공격방법, 적국의 통신 시스템에서 송수신하는 전파의 흐름을 차단, 방해하여 정보를 삭제하고, 혹은 가짜정보를 중간에 삽입하는 등 통신교란행위
② 워너크라이: 운영체계의 윈도우의 취약점을 이용해서 네트워크에 연결된 PC들을 대량적으로 자동 감염시키는 악성프로그램
③ 랜섬웨어: 컴퓨터의 시스템을 감염시켜서 접근을 제한시키고, 사용자의 파일을 담보로 몸값을 요구하는 악성 프로그램
④ 스턱스넷: 산업시설을 감시하고 파괴하는 악성 프로그램

08. 정답 ①

해설 국제범죄는 정보기관과 상관없이 범죄조직간의 연대강화를 통해서 점차 확산추세에 있다.

09. 정답 ④

해설 산업정보 활동영역은 국가핵심기술분만 아니라, 국제협정, 민간기업 핵심기술 및 경쟁력강화, 지적재산권 보호 및 침해 등 경제전분야에 걸쳐 광범위하게 적용되고 있다.

10. 정답 ②

해설 1985년 오스트리아 비엔나에서 채택된 협정. 주 내용은 오존층 파괴 원인 물질의 규제에 대한 것으로, 몬트리올 의정서에 구체적으로 나와 있다.
① 바세나르체제(WA): 재래식무기 수출통제
③ 오스트레일리아 협약(AG): 생화학무기 비확산체제
④ 미사일기술 통제체제(MTCR: 대량파괴무기 미사일기술 통제체제

11. 정답 ④

해설 국제사이버 협력체제이다.
- 탈린매뉴얼: 사이버전쟁관련 국제법을 담은 지침서(2007년)
- 국제침해사고 대응협의회: 사이버관련 사고대응에서 국제적으로 가장 인정받는 최고의 대응조직, 1990

년 창설, 90개국 400여개 민간기관이 참여(한국도 참여)
- Meridlan회의: 2005년부터 G8국가를 중심으로 사이버사태 비상시에 대비한 긴급연락체계구축 정보공유체계 구축

12. 정답 ②
•해설• 테러 경보는 관심-주의-경계-심각까지 4단계이다.
* 사이버 테러 경보도 관심-주의-경계-심각 등 4단계이다

13. 정답 ④
•해설• 2017년 말레이시아 쿠알라룸푸르 공항에서의 김정남 암살은 국가보위성 소행이다.
* 강력한 신경작용제(VX)는 국가급에서 제작되기에 국가급 정보기관만이 가능하며 8명중 4명이 국가보위성 소속이었음(2017년, 국정원)
* 당시 5명중 4명은 도주, 체포된 이정철도 증거불충분으로 추방, 말레이시아 북한대사 추방 및 자국의 북한 주재 대사관도 폐쇄하고 단교함. 미국은 테러지원국으로 북한 재지정

14. 정답 ①
•해설• 비인가자는 사전 출입을 허가 받아야 하며, 안내자의 안내를 받아야 한다. 해당시설에서 가장 중요한 지역이다.

15. 정답 ②
•해설• 보존기간은 비밀이 보호기간이 종료되었어도 책임실명제 차원에서 일정기간 보관하는 기간으로 오로지 생산부서에서만 기간을 정할 수 있다.

16. 정답 ③
•해설• 대통령 정무수석은 포함되지 않는다.

17. 정답 ③
•해설• 신원조사는 비밀등급이 높을수록 신원조사 과정이 까다롭다. 학교기록, 직장기록, 범죄기록, 신용조회 등 전방위적으로 이루어지며, 선생님, 동료, 친구, 친척, 종교 및 배우자 등 주변인물 들을 통해서 광범위하게 조사한다.

18. 정답 ③
•해설• 외국인은 서면으로 대통령의 승인을 얻어야 집행할 수 있다.

19. 정답 ②
•해설• 제국익문사는 국내체류 외국인 동향과 국내관리, 해외에도 파견나가서 해외정보(도쿄, 상해, 오사카, 북경, 블라디보스톡 등)도 수집하였다.

20. 정답 ②
•해설• 정권전복은 최초부터 시행하는 것이 아니라, 선전공작, 정치공작, 경제공작 등을 총동원하여 시행을 하며, 그럼에도 불구하고 이루어지지 않을 때 최종적으로 실행하는 비밀공작행위이다.

21. 정답 ④
•해설• 현용정보는 기본정보에서 변화하는 동태적인 사항으로 수시로 변화한다.

22. 정답 ①
•해설• 일반적인 외교관은 인간정보 수집수단이 아니다. 외교관은 모든 국가에서 신분상 노출되어 있어서 대상국에서 모두 일거수 일투족이 감시대상이기에 정보수집활동이 사실상 불가능하다. 외교관신분으로 정보수집활동을 하다가 적발되어 추방되는 사례가 가끔 발생한 경우가 이에 해당한다.

23. 정답 ③
•해설• 글로벌호크는 영상정보만 수집할 수 있다. 지상 30cm물체의 식별이 가능하다. 신호정보수집은 불가하다.
 * 합성개구레이다와 전자-광학(EO)-적외선(IR) 센서 등 광학(영상)장비만 탑재한다. 넓은 지역의 탐색 영상이나 좁은 지역의 고해상도 스폿영상을 제공하며, 전천후로 영상수집이 가능하다.

24. 정답 ④
•해설• 정보요구는 정보기관의 정보능력과 수집자산, 국내외적 환경 등을 고려하여 정보요구를 완벽하게 충족할 수 없기 때문에, 반드시 정보요구에서 우선순위를 정해서 요구하여야 하며, 주요 긴급사항외에는 수시정보요구를 지양해야 한다. 수시로 정보요구를 남발하면 충족도 불가하거니와 정보기관의 정상적인 작동이 불가능하다.

25. 정답 ①
•해설• 아브라함 슐스키(전 DIA 분석관)-잠재적 위협으로부터 국가안보이익에 대한 위협대처, 정부정책과 관련된 지식을 주장하였다.
 * 마이클 워너(전 국가정보국 분석관)-적대세력 영향 완화, 영향을 주는 비밀스러운 것으로 주장하였다.

13회 정답 및 해설

01	④	02	②	03	③	04	①
05	④	06	③	07	②	08	①
09	①	10	③	11	②	12	①
13	①	14	①	15	②	16	②
17	④	18	②	19	①	20	④
21	③	22	③	23	①	24	④
25	②						

01. 정답 ④
•해설• 애셜론은 신호정보수집시스템으로 신호정보로 수집된 첩보만 공유하며, 그 외의 출처첩보는 선별적으로 공유한다.

02. 정답 ②
•해설• 수단은 2020년12월14일에 해제되었다.
테러지원국은 북한, 이란, 시리아, 쿠바(2025.1.20일 재지정) 등 4개국이다.

03. 정답 ③
•해설• 미국의 우주군 정보기관은 공군성소속이지만, 정보와 관련된 업무의 조정·통제는 DIA·DNI가 실시한다.

04. 정답 ①
•해설• 김정은의 직책이 조선노동당 위원장에서 노동당 총비서로 변경되었다.(제8차 당대회, 2021.1.8)

05. 정답 ④
•해설• 정보순환단계중에 발생하는 사항으로서 선취권 잠식(Priority Creep)은 정보활동의 우선권이 영향력 있는 정책담당자나 정보분석관에 의해서 우선순위가 결정되는 현상이다.
특별과제 발생 시 정보활동의 우선권이 재조정 되는 것은 정보활동의 임시특별권이다.

06. 정답 ③

•해설• 정보순환과정은 한방향으로의 무조건진행이 아니라, 상황에 따라 다시 되돌아 갈수도 있다. 정보는 정책을 집행하지는 않으며 지원만 한다. CIA의 정보순환 5단계에 환류와 피드백은 별도의 독립적인 순환단계에 포함되지 않는다.

07. 정답 ②

•해설• 방첩업무규정 제10조(국가방첩전략회의의 설치 및 운영 등)에 의거 국가방첩전략회의는 의장 1명을 포함한 25명 이내의 위원으로 구성한다.(방첩업무규정 개정, 2018.11.20.)

08. 정답 ①

•해설• 국내일반 테러사건 대책본부장은 경찰청장이다.

09. 정답 ①

•해설• 대통령이 비밀공작을 모를 수 없도록 확인 및 서면승인 하며 적절한 시기에 의회에 구두보고 하도록 조치한 미국의 법률은 휴즈-라이언법이다.(비밀공작시 대통령이 반드시 알고 승인하도록 함이 가장 큰 목적임)
② 정보신원법은 정보기관의 정보요원들의 신원공개를 금지하여 법적으로 신분을 보장해준 법이다.
③ 정보감독법은 의회통제와 감독의 수위를 재조정하고 대통령이 반드시 비밀공작 후 의회에 구두보고를 의무화 하였다.
④ 정보수권법은 비밀공작시 사전에 대통령이 구두가 아닌 서면보고를 의무화 하였다.

10. 정답 ③

•해설• 국가대테러대책위원회 위원장은 국무총리이다.

11. 정답 ②

•해설• 업무담당 수준별 분류는 국가정보기관과 부문정보기구를 분류하는 기준이다. 법무부 마약단속국은 부문정보기관이다. 나머지는 국가정보기관이다.

12. 정답 ①

•해설• ① 팔레모협약: 2000.11.2.일 UN차원에서 맺은 국제범죄 대비한 국제적 협약으로 이태리 팔레모에서 협약을 체결하였다.
② 칸네트워크: 파키스탄 핵과학자 '칸'박사의 핵무기 확산 프로그램이다.

③ 바세나르체제: 4대 국제수출통제체제의 하나로 재래식무기 수출통제협약이다.
④ 국제침해사고대응협의회: 사이버테러에 신속대응위한 국제적인 민간차원의 조직이다. 한국 등 90여개 국에서 참가한다.

13. 정답 ①
• 해설 • 대한항공 858기 폭파(1987)는 당 35호실(현 정찰총국 5국)의 소행이다.

14. 정답 ①
• 해설 • ① 국가보안기술연구소(NSRI)는 한국전자통신연구원(과학기술 정보통신부소속)의 부설연구소로 국가보안을 위한 정보보호 전문연구기관이다.
② 한국인터넷진흥원(KISA)은 민간의 인터넷 해킹 피해 등 사이버침해사고에 대응하기 위한 과학기술정보통신부 산하 기관이다.
③ 한국전자통신연구원(ETRI)은 정보통신 전문 연구기관으로 정보통신 및 전자, 방송 등 원천기술을 개발한다.

15. 정답 ②
• 해설 • 불법복제(프로그램, 음란물)는 사이버 범죄이다.

16. 정답 ②
• 해설 • 5년, 2년, 10년이다.

17. 정답 ④
• 해설 • 로젠버그 부부(아내 에텔)는 공산주의자로 공산당원으로 활약하였으며, 1940년 육군통신대 근무 시 군사기밀에 접근함. 아내 에텔의 형제인 육군중사 데이비드 그린글래스에게 미국의 핵무기개발계획을 입수하여 소련에 넘겨주었고, 사형을 받은 최초의 민간인부부이다.
리하르트 조르게는 소련 GRU소속 정보요원으로 2차 대전 당시 소련의 승리에 기여, 레이바 돔은 소련 GRU소속으로 2차 대전 당시 유령업체를 운영하며 독일군 병력배치 등을 소련에게 보고, 조너선 폴라드는 유대계 미국인으로 해군정보국 분석관으로 근무 시 미국 원자력에 관한 비밀을 이스라엘에 넘겨주었다.

18. 정답 ②
• 해설 • 적시성은 정보의 질적요건 중에 가장 중요한 요소이며, 정보가치의 생명이다. 정보는 시간에 따라 그 가치가 변하므로 적시성의 상실은 사후약방문과 같은 의미로 통한다.

19. 정답 ①
해설 징후계측정보는(MASINT)는 신호정보나 영상정보와 다른 유형(범주)의 정보이다. 징후계측정보의 수집과 분석은 영상정보나 신호정보 출처보다 훨씬 더 기술적으로 생성되는 첩보자료로서 정보 분석의 복잡하고 다양한 측면을 보여준다.

20. 정답 ④
해설 정보메모(Warning Memorandum)는 CIA가 정책부서에서 요구하는 내용을 생산하는 보고서이다. 나머지는 ODNI가 작성하는 보고서이다.

21. 정답 ③
해설 이스라엘의 정보조정기구는 정보기관장회의(VARASH)이다. 최고정보위원회는 이전 명칭이다.

22. 정답 ③
해설 악마의 대변인은 대안분석방법의 하나로 집단사고를 깨고, 예상되는 문제점에 대하여, 반대입장을 가진 사람을 선정하여 신랄한 토론을 통해서 최선의 결론을 도출하는 기법이다. 주로 소수의 인원이 참석한다.

23. 정답 ①
해설 이스라엘 아만(AMAN)은 군사정보기관이나, 항시 전쟁과 테러에 대비하는 국가의 입장에서 군사정보기관에 많은 역량을 집중할 수 밖에 없고 따라서 정보인력도 가장 많다. 이러한 환경에서 군정보기관의 정보수집 능력과 분석 능력이 우수할 수밖에 없으며, 국가안보에 큰 역할을 담당한다.

24. 정답 ④
해설 국회정보위원회가 재적위원 2/3이상이 찬성하여 특정사건에 대하여 요구할시 관련정보를 공개해야 한다.

25. 정답 ②
해설 글로벌호크와 무관하게 군사정찰위성의 확보를 추진하고 있다. 군사정찰위성은 영상 레이더만 탑재하여 운용한다.

14회 정답 및 해설

01	①	02	④	03	②	04	④
05	③	06	②	07	④	08	②
09	④	10	③	11	②	12	④
13	①	14	③	15	④	16	②
17	①	18	①	19	③	20	④
21	③	22	④	23	②	24	④
25	③						

01. 정답 ①

•해설• 방위산업기술보호법에 근거하여 방위산업기술보호위원회를 둔다. 25명으로 구성되며 위원장은 국방부 장관이다.

02. 정답 ④

•해설• 【국정원제4조 1-가-마항(직무)】
가. 국외 및 북한에 관한 정보
나. 방첩(산업경제정보 유출, 해외연계 경제질서 교란 및 방위산업침해에 대한 방첩을 포함한다), 대테러, 국제범죄조직에 관한 정보
다. 「형법」중 내란의 죄, 외환의 죄, 「군형법」중 반란의 죄, 암호 부정사용의 죄, 「군사기밀 보호법」에 규정된 죄에 관한 정보
라. 「국가보안법」에 규정된 죄와 관련되고 반국가단체와 연계되거나 연계가 의심되는 안보침해행위에 관한 정보
마. 국제 및 국가배후 해킹조직 등 사이버안보 및 위성자산 등 안보 관련 우주 정보
【국정원법 제20조】직무수행위해 필요시 무기휴대 할 수 있다.

03. 정답 ②

•해설• ① 적을 위해 간첩한자는 사형에 처한다.(13조 ①항)
② 적의 간첩을 방조한자는 사형, 혹은 무기징역에 처한다.(13조①항)
③ 군형법 적용대상자는 군인, 군무원, 군적을 가진 학생·생도, 사관 및 부사관 후보생 등이다.(1조 ②,③항)
④ 군형법은 내국인, 외국인에 대하여도 군인에 준하여 적용한다.(1조 ④항)

04. 정답 ④

해설 김정은의 또 다른 직책 중에 당중앙위원회 정치국 상무위원, 당중앙군사위원회 위원장, 당중앙위원회 위원 등이 있다.
국가안전보위상은 정경택 중앙군사위원회 위원이 취임하였다.(2017.11월)

05. 정답 ③

해설 ③ 이념적으로 국가정보기구는 국가정보의 객관화, 민주화, 효율화를 지향해야 한다.

06. 정답 ②

해설 기획재정부에 의한 예산 감축은 해당하지 않는다. 국정원의 예산 회계(편성 및 심의)는 국회 정보위원회에서 실시한다.(국정원법 제12조)

07. 정답 ④

해설 이란군의 군사정보 수집기관은 국방부 정보보안국이다.

08. 정답 ②

해설 정보사와 777사는 평시에 국방정보본장을 통해서 국방장관의 지휘를 받는다.
 * 전시에는 합참의장의 군령권에 의해 합참의장의 지휘를 받는다.
   합참정보참모본부장의 직함으로 정보사, 777사를 통제한다.

09. 정답 ④

해설 YAMAM은 이스라엘군에 소속된 1급 대테러부대이다.

10. 정답 ③

해설 전략정보사령부는 현존하는 군정보기관이다.

11. 정답 ②

해설 해외대테러부대는 'Vympel', 국내대테러부대는 '알파'이다.

12. 정답 ④

해설 군 정법위원회는 당 중앙군사위원회 예하기관으로 군정보조직을 조정 통제하며 감독하는 중국군내 당의 기관이다.

13. 정답 ①

해설 SVR과 DGSE는 해외에서의 대테러분야에 대한 수사권을 보유하고 있다.

14. 정답 ③

해설 ① 국가보안기술연구소(NSRI)는 한국전자통신연구원(과학기술 정보통신부소속)의 부설연구소로 국가보안을 위한 정보보호 전문연구기관이다.
② 중소기업 기술정보진흥원(TIPA)은 중소기업 기술유출 방지시스템 구축하고 보호하는 기관이다.
④ 한국전자통신연구원(ETRI)은 정보통신 전문 연구기관으로 정보통신 및 전자, 방송 등 원천기술을 개발한다.

15. 정답 ④

해설 백도어이다. 몰래 설치된 통신연결기능으로 언제든지 쉽게 시스템 내부에 접근 및 침투하여 필요한 정보를 빼내갈 수 있다. 미국은 중국 스마트폰 화웨이 제품에 대하여 '백도어' 이유로 공공기관 사용을 금지하였다.

16. 정답 ②

해설 경찰청 사이버 안전국이 국가수사본부 사이버수사국으로 전환 창설되었다.(2021.1.1.일부)

17. 정답 ①

해설 극렬반미주의자 김기종이 미국 리퍼트 대사를 테러공격(2015.3.5.)하는 사건이 발생, 한국정가가 발칵 뒤집혔으며 이후 당시 새누리당 주호영의원의 발의로 2016년 국회를 통과하였다.(김기종은 징역 12년을 선고받아 복역중임)

18. 정답 ①

해설 특별보안구역은 해당사항이 아니다.

19. 정답 ③

해설 기만공작행위이다. 화폐개혁설, 토지개혁설, 각종 루머, 세금대폭인상설 등 국민의 불안요소를 자극하여 심각한 혼란을 유도하는 등 사실이 아닌 내용을 다양하게 전파하여, 자국에 유리한 정책으로의 전환을 유도하는데 적절하다.

20. 정답 ④

해설 국방홍보원장은 군사1급 비밀취급지정권자가 아니다.

21. 정답 ③

해설 법원 행정처장은 3권 분립에 의한 보안업무지도조정에 따라 사법부의 보안업무를 지도하는 기관이다. 방첩 및 보안기관은 국정원, 경찰청, 방첩사령부가 추가된다.

22. 정답 ④

해설 Wheat and Chaff(밀과 겉겨) 현상이다.
① Swarm Ball 현상: 부여된 주요의제에 집중하여 수집하는 것이 아니고 본인이 중요하다고 생각하는 사안에 대하여 수집하는 현상
② Vacuum Cleaner Issue 현상: 진공청소기처럼 무작위로 대량 수집하나, 처리시스템이 부족하여 수집과 처리의 균형이 맞지 않는 현상
③ Zero-Sum Game 현상: 현안보고 내용 중에서 정책결정자가 어느 한 가지를 선택하면 다른 내용은 제외되어 수집의 의미가 없어지게 되는 현상

23. 정답 ②

해설 ㈀ Money: 금전욕구
㈃ Ego: 자존심
㈄ Ideolgy: 사상, 이념, 신념, 애국심
　　Compromise: 약점과 타협(약점 있는 사람)

24. 정답 ④

해설 시계열에 의한 분류에 있어서 공식적인 명칭, 학문적 용어는 기본정보-현용정보-판단정보로만 분류한다.

25. 정답 ③

해설 한미연합사령관이 가지고 있는 전시작전통제권이 한국군에 환수되는 것은 충분한 한미연합훈련을 통해서 한국군이 단독, 그리고 한미연합전력을 지휘할 수 있는 역량이 도달되었을 시 한국군 합참의장에게 이양되기에 문제는 없다(3단계 검증절차). 그러나 한국군 단독적인 군사정보 수집역량은 미흡한 것이 가장 큰 문제이다. 이 문제가 해결되지 않으면 한국군에 전작권이 환수되었다 해도 여전히 주한미군에 의존하여 정보를 활용할 수밖에 없게 되어 한·미연합전력을 지휘할 능력자체가 구비되지 않는 것이다.

◇ 전시작전권 환수 3단계 검증절차

전작권은 '전시작전 통제권(Wartime Operational Control, WT-OPCON)'의 약어이다.

이는 한-미 양국은 한국군이 미군 없이도 전시작전권을 행사할 역량이 있는지를 검증하는데 있다.

총 3단계인 검증 절차는 다음과 같이 진행된다.

① 1단계는 '기본운용 능력(IOC)' 검증이다. 2019년 1단계 기본운용능력(IOC) 검증을 마쳤다.

② 2단계는 '완전운용 능력(FOC)' 검증이다.

국방부는 2020년 미실시, 2021년에 계획했으나 한미연합훈련을 실시하지 않고 지휘소훈련으로 대체하여 검증을 못하였다.

③ 3단계는 3단계 '완전임무수행능력(FMC)' 검증이다.

한국군이 작전권을 행사하며, 한-미연합군을 지휘할 수 있는 임무수행능력을 검증한다.

현재, 2단계도 못마친 상황이라 '전작권' 환수(2022년 5월 목표)는 지연되고 있다.

15회 정답 및 해설

01	④	02	②	03	③	04	②
05	②	06	③	07	④	08	④
09	③	10	①	11	①	12	②
13	①	14	④	15	②	16	③
17	③	18	④	19	④	20	④
21	①	22	③	23	②	24	①
25	②						

01. 정답 ④

•해설• 토마스 프레이(Thomas Frey)는 미국의 세계적인 미래학자로 현재 미국 다빈치 연구소장직을 맡고 있다.

02. 정답 ②

•해설• 국정원법 개정내용【국정원제4조 1-가-마항(직무)】

가. 국외 및 북한에 관한 정보
나. 방첩(산업경제정보 유출, 해외연계 경제질서 교란 및 방위산업침해에 대한 방첩을 포함한다), 대테러, 국제범죄조직에 관한 정보
다. 「형법」 중 내란의 죄, 외환의 죄, 「군형법」 중 반란의 죄, 암호 부정사용의 죄, 「군사기밀 보호법」에 규정된 죄에 관한 정보
라. 「국가보안법」에 규정된 죄와 관련되고 반국가단체와 연계되거나 연계가 의심되는 안보침해행위에 관한 정보
마. 국제 및 국가배후 해킹조직 등 사이버안보 및 위성자산 등 안보 관련 우주 정보
※ 모든 수사권이 폐지되어, 국가수사본부로 완전히 이관토록 되어 있으나 3년간 유예하여 현재 수사권을 행사하고 있다.(부칙 제3조(수사권에 관한 경과조치) 2023년 12월 31일까지는 종전의 「국가정보원법」 제3조제1항제3호 및 제4호, 제11조제2항, 제16조, 제19조제2항을 계속 적용한다.)

03. 정답 ③

•해설• 국가부문정보기관은 행정부처의 소속이나 국가차원의 유용한 정보활동으로 국가차원의 정책결정에 기여하는 기관을 말한다.

04. 정답 ②
해설 UN은 비밀공작행위를 인정하지 않고 있다.

05. 정답 ②
해설 김정은은 2011년 12월 17일에 국방위원회 제1위원장, 조선로동당 제1비서로 취임했고, 12월 30일에 조선인민군 최고사령관직에 올랐다.

06. 정답 ③
해설 한국의 경우 국회차원(정보위원회)에서 정상적인 절차를 통하여 매우 효과적인 정보통제가 진행되었다고 볼 수 없으며 미흡한 편이다.

07. 정답 ④
해설 ① Metsada: 특수공작국
② Sayanim: 이스라엘 자발적 유대인 협조자망
③ Tsafririm: 전세계 유태인 연락 담당부서
④ 아랍국: 신베트의 방첩부서

08. 정답 ④
해설 사이버작전사령부는 합참의장이 지휘하며, 사이버관련 정보를 수집하는 정보기관이 아니라 사이버 대응작전을 수행하는 작전부대이다.

09. 정답 ③
해설 OICI는 에너지부 부분정보기관이다.
① INSCOM: 육군정보보안 사령부
② MCIA: 해병대 정보국
③ OICI: 에너지부 정보방첩실
④ US.Space Force: 우주군 정보부대

10. 정답 ①
해설 ① 전쟁청: 1.2차 세계대전 당시의 군사본부(정보와 관련 없음)
② 군사정보국(DMI): 1916년 개편된 정보기관
③ 월싱햄경: 근대정보기관의 아버지
④ 비밀정보국(SSB): 1909년 윈스턴 처칠이 창설한 방첩기관

11. 정답 ①
해설 국가수사본부는 경찰청산하의 수사기관으로 창설하였다. 〈형사소송법〉에 따라 경찰의 수사에 대해 독립적인 책임을 지며 각 시·도경찰청과 경찰서 및 수사부서를 지휘·감독한다.

12. 정답 ②
해설 연합참모부 3부로 기술정찰부, 혹은 통신정보부라고도 칭한다.

13. 정답 ①
해설 1급 비밀은 금고형 용기에 보관하되 반드시 비밀합동보관소에 보관해야 한다.

14. 정답 ④
해설 국가핵심기술의 외국 유출시 3년 이상의 징역, 15억 이하의 벌금에 처한다.(산업기술의 유출방지보호법 제36조)

15. 정답 ②
해설 산업시설을 감시하고 파괴하는 스턱스넷이다. 주로 원자력 발전소와 송·배전망, 화학 공장, 송유·가스관과 같은 대형 산업 기반시설에 사용되는 제어시스템에 접근하고 있다.

16. 정답 ③
해설 상대국의 정보활동 성공은 자국 방첩활동의 실패이고 자국의 정보활동 성공은 상대국 방첩활동의 실패이다.

17. 정답 ③

•해설• 국가 대테러경보는 국정원 테러정보통합센터로부터 테러관련 정보를 종합하여 대테러센터장이 발령하며, 경보발령 시 테러대책위원장인 국무총리에게 보고한다.

18. 정답 ④
•해설• 한국의 국방정보판단서(DIE: Defense Intelligence Estimates))는 국방부 국방정보본부가 군사 및 전략 정보를 종합하여 5년 주기로 작성 및 배포한다.

19. 정답 ④
•해설• 과학기술국(DS&T)은 CIA의 주요부서이다.
과학기술부는 기술정보수집부서가 아니고, CIA임무수행에 필요한 인간정보요원의 첨단 기술장비 시스템을 연구, 개발한다.

20. 정답 ④
•해설• 신호용 깃발은 연락수단이 아니며, 음어나 암호사용이 추가로 포함된다.

21. 정답 ①
•해설• 노르웨이는 마약 합법국가가 아니다.
② 네덜란드: 1976년, 치료목적으로 허용
③ 캐나다: 2018년, 마리아나 허가된 장소에서만 허용
④ 우루과이: 2013년, 마리아나 허용
⑤ 미국(미시간, 유타, 미주리주 등)에서 주별로 허용
⑥ 태국(2022년), 독일(2024년) 대마초 합법화

22. 정답 ③
•해설• 갈등을 조장하는 가짜 뉴스는 분석대상이 아니며, 피해자가 고발시 경찰에서 조사대상이다. 공개정보(국가 정책보고서, 백서, 주요민간연구보고서 등)가 분석대상에 추가 포함된다.

23. 정답 ②

해설 ㈀ 리하르트 조르게: 소련간첩, 정보요원
㈁ 케임브리지 5인방: 소련 간첩, 자발적협조자
㈂ 귄터기욤 : 동독간첩, 정보요원
㈃ 로젠버그 부부: 소련 간첩, 자발적협조자
※ 간첩(스파이와 동일한 의미): 정보요원(정식요원), 정(첩)보원, 자발적협조자로 구분

24. 정답 ①

해설 국가정보학의 연구방법은 다섯 가지로 역사적, 기능적, 구조적, 정치적, 법률적 접근방법이 있다.

25. 정답 ②

해설 미국을 중심으로 일본-호주-인도 등 4개국이 참여하고 있다. 캐나다는 포함국가가 아니다.

16회 정답 및 해설

01	③	02	①	03	④	04	①
05	④	06	③	07	②	08	②
09	③	10	①	11	④	12	②
13	①	14	④	15	③	16	②
17	②	18	①	19	④	20	④
21	②	22	④	23	②	24	④
25	④						

01. 정답 ③
•해설• 국방정보는 국가정보보다 하위 개념이다.

02. 정답 ①
•해설• 마크 로웬탈의 좋은 정보요건은 적시성, 적절성, 이해성, 명확성이다.

03. 정답 ④
•해설• 정보화시대의 강점은 과학기술의 발달로 과거 인간정보위주 수집에서 기술정보의 수집방향으로 발전하고 있다.

04. 정답 ①
•해설• 정책결정은 문제확인-계획수립-정책결정-집행과 평가 순이다

05. 정답 ④
•해설• EEI(첩보기본요소)에 대한 설명이다

06. 정답 ③
•해설• 주석전쟁에 대한 설명이다.

07. 정답 ②

•해설• 기원전 356~223년경 고대 그리스 북부의 마케도니아 왕국의 알렉산더 대왕은 서신검열, 외국방문자 조사 등을 통해 정보를 수집하였다.

08. 정답 ②

•해설• 국방정보본부장은 전·평시 공히 국방장관과 합참의장을 보좌한다.
- 국방장관: 국방정책에 관련된 국방정보, 군사전략정보, 기타 군사관련 정보
- 합참의장: 군사전략정보, 북한 및 군사관련 정보, 기타 작전에 대한 군사관련 정보 등

09. 정답 ③

•해설• ODNI는 파견부대(서)가 없다.

※ 미국 정보기관의 한국 파견실태(2025년 현재)

㉠ CIA
- 1946년 2월 13일 주한미국 대사관내 한국지부 개설, 1948년 일시적 폐지, 1949년이후 활동 재개
- 1961년 중앙정보부 창설에 협력 및 기여

㉡ FBI: 2000년 7월 12일 주한 미국 대사관 내에 아시아에서는 10번째로 한국지부 개설

㉢ DIA: 주한미군사령부 및 정보사에 연락관 파견 상주

㉣ INSCOM: 501군사정보여단(인간정보)
- 1950년 10월 13일 미국 육군 보안국(ASA)소속의 501통신정찰단 창설, 1951년 7월 15일에 서울 경기중학교에 주둔 임무수행
- 1977년 1월 1일, 보안국 등 육군정보부대 통합하여 정보보안사령부(INSCOM)으로 재창설되고 제501군사정보단으로 재편
- 1986년 10월 16일, 제501군사정보여단으로 승격, 평택 주한미군사령부내 위치

㉤ NSA: 불상시기 대구지역 NSA예하기지 위치, 777사와 협조 임무수행

* 우주군 예하 인원이 오산기지(미 제7공군사)에 파견나와 근무중이나 한-미연합작전보다는 미군작전을 위해 파견중이다.

10. 정답 ①

•해설• 캐나다는 군사정찰위성 보유국이 아니다.
- 보유국(9개국): 미국, 러시아, 중국, 프랑스, 이스라엘, 일본, 이란, 한국, 북한
- 보유추정(미확인 5국): 영국, 인도, 독일, 이탈리아, 스페인

11. 정답 ④
해설 국가수사본부 임무수행을 위해 각종 수사정보 수집하고 분석하는 관련부서(수사정보국)가 없으며, 경찰청의 정보를 이용하는 수준으로 독립적인 임무수행이 제한받는다.

12. 정답 ②
해설 INR(국무부 정보조사국)이다.

13. 정답 ①
해설 1급 비밀은 금고형 용기에 보관하되 반드시 비밀합동보관소에 보관해야 한다. 모든 비밀은 비밀합동보관소가 아닌 어느 장소에도 절대 보관 할 수 없다.

14. 정답 ④
해설 해킹에 의한 기술절취는 사이버범죄에 해당한다.

15. 정답 ③
해설 랜섬웨어이다. 랜섬웨어는 인질의 몸값을 뜻하는 랜섬(ransom)과 소프트웨어(software)를 결합한 단어다.

16. 정답 ②
해설 LAKAM(과학관계국)이다. 1986년이후 국방부와 과학기술부로 기능이 이관되었다.

17. 정답 ②
해설 ① 미국 최초 영상정보 정찰위성: Corona(1959)
② 미국 최초 신호정보 정찰위성: GRAB(1960), POPPY(1962)
③ 소련 최초 영상정보 정찰위성: Znit(1962)
④ 소련 최초 신호정보 정찰위성: Tselina(1967)

18. 정답 ①

해설 해외정보감시법(1978년)이다. 미국에서 활동하는 외국정보요원, 테러 및 간첩활동이 의심되는 미국인에 대한 영장심사를 의무화하되, 의심이 가거나 미국안보에 필요할 경우는 대통령 승인 시 1년간 영장없이 감청토록 해당대상자의 감시가 용이하도록 하였다.

19. 정답 ④

해설 국가정보위원회(NIC): IC협업 및 조정통제, PNIO작성, NIEs작성, 17개 IC수집된 정보종합 등의 임무를 수행한다.

20. 정답 ④

해설 위원 12명은 원내교섭단체(20석이상 의석 배출 당)를 구성한 당에서만 선임된다.

21. 정답 ②

해설 국가보안법이다
- 2021.5.20일 정의당 강은미의원이 국가보안법 폐지 법안을 발의했다. 정의당의원 5명과 더불어민주당(1명), 무소속 의원(1명), 기본소득당 의원(1명) 등이 동참했다.
- 민간지지단체는 한국진보연대 공동대표다. 한국진보연대는 국가보안법 위반으로 수감 중인 이석기 전 의원의 석방을 주장하는 대표적 NL(National Liberty · 민족해방)계 단체다.
- 법안폐기발의이유는 표현의 자유, 사상의 자유를 해친다고 주장하고 있다.
- 반면 국민의힘과 보수단체는 북한뿐만 아니라 중국 · 러시아 등이 각종 한국 민주주의의 와해공작을 강화하는 상황에서 국가보안법을 오히려 강화해야 한다고 주장하며 강력하게 반대하고 있다.
- 2021년 8월에 청주시민단체 운동가 4명이 북한 문화교류국 공작원의 지령을 받고 간첩행위를 하다 적발되어 국가보안법에 의거 구속되었다. 이들은 공작금도 수차례 받았으며, 노동당 충북지부당으로 활동했고, 김정은에게 혈서로 충성맹세까지 하면서 국내에서 반국가적 활동을 하였다.

22. 정답 ④

해설 남아프리카공화국은 과거 핵개발을 시도하다가 스스로 폐기하였다. UN상임이사국인 5개국 외에 어느 국가도 핵무기보유를 공식적으로 인정하지 않고 있다. 그럼에도 불구하고 '비인정된 핵무기보유국'은 다음과 같다.
※ 비인정된 핵보유국가(실질적 핵보유국)
- 인도(1998년): 110-200여개

- 파키스탄(1998년): 100-130개
- 이스라엘(불상시기): 80-200개
- 북한(2006년): 20-60여개

23. 정답 ②
•해설• 쿠바 카스트로정권 전복공작(1960년대)은 실패한 공작이다.

24. 정답 ④
•해설• 이란 거셈 솔레이마니 사령관 폭사작전은 미국 CIA의 정보수집에 협조하여 미군 중부사령부가 무인기공격기(미군 특수군사활동)로 폭사시키는데 모사드가 정보를 지원한 작전이다.

25. 정답 ④
•해설• 간첩에게 음식물을 제공하는 행위는 해당되지 않는다.

17회 정답 및 해설

01	②	02	①	03	③	04	③
05	③	06	④	07	①	08	②
09	④	10	①	11	②	12	①
13	③	14	④	15	④	16	③
17	②	18	④	19	①	20	②
21	③	22	②	23	③	24	③
25	④						

01. 정답 ②
•해설• 정보활동에 정당성을 부여하며 정보기관의 부정적 인식을 전환하는데도 매우 유용하다.

02. 정답 ①
•해설• 기능적 접근이다. 기능적 접근은 국가정보기관이 수행하는 임무와 역할 등에 대한 연구방법으로 가장 대표적인 연구방법으로 보고 있다.

03. 정답 ③
•해설• 전쟁 지속능력은 전략정보에 해당한다.
  * 전쟁지속능력: 국가가 전쟁수행을 위해서 필요한 인력, 장비, 군사물자, 국민결속력 등 유형전력과 무형전력을 모두 합쳐서 '전쟁수행능력 기간'을 평가한 것이다.(국방부, 합참차원)

04. 정답 ③
•해설• 신종 코로나 전염병의 확산은 전세계에 충격을 주었으며, 따라서 보건안보(주요전염병, 신종 감염병 등)가 국가안보의 새로운 이슈로 등장하고 있다.

05. 정답 ③
•해설• 인식론적 경직성에 대한 설명이다.

06. 정답 ④
•해설• 출처개척단계이다.

07. 정답 ①
•해설• 저고도는 1만피트 이하(3Km)이다.

08. 정답 ②
•해설• 국정원장은 국가안보와 관련하여 NSC회의 시 국가안보실장과 협의하고 국회(정보위원회)에도 보고한다.
* 국가안전보장회의 법 제10조(국가정보원과의 관계)
국가정보원장은 국가안전보장에 관련된 국내외 정보를 수집·평가하여 회의에 보고함으로써 심의에 협조하여야 한다.

09. 정답 ④
•해설• 출처보호를 위해서 타정보기관과 정보공유를 엄격하게 금지하지는 않는다. 다만 해당 정보기관 간에 필요한 특별한비밀인가(예: SI인가 등)를 하여 인가자만 열람토록 조치한다.

10. 정답 ①
•해설• 외부전문가의 조언이나 언론매체보도경향 등을 참고하라.(객관성 유지 차원, 언론보도내용을 참고만 하지 분석에 적용하지는 않는다)

11. 정답 ②
•해설• 비밀등급을 달리하는 수개의 문서를 1건으로 편철 시 표지에는 최고의 비밀등급으로 표지한다.

12. 정답 ①
•해설• ①번, NCPC(국가비확산센터)이다.
② CTIIC(사이버위협정보통합센터)
③ NCSC(국가방첩보안센터)
④ NCTC(국가대테러센터)

13. 정답 ③

해설 9.11테러를 주도한 알카에다 지도자 '빈라덴'의 은거지 습격 및 사살(2011년)작전은 고도의 보안유지를 위해 CIA가 주관하고 치밀하게 주도한 비밀 준군사공작이다.

* CIA가 10년간 추적하여 '데브그루' 특수부대를 동원하여 전격사살한 불멸의 공작이다. 미의회보고서는 10년간 430조원의 막대한 예산투입한 결과였다고 발표하였다.

14. 정답 ④

해설 외국의 국책사업이나 전략적 사업은 수집과정에서 노출 시 경제적 보복 및 외교적 마찰 가능성이 있기에 가급적 자제해야 한다.

15. 정답 ④

해설 Anonymous(어나니머스)는 사이버상의 사회운동단체로 최대의 해커조직(집단)이다.
① Tallin Manual: NATO 산하 사이버방호협력센터의 사이버전관련 대응매뉴얼
② 국제침해사고 대응협의회: 민간기구로 구성된 국제적 사이버테러 대응협력체제(90개국 가입, 한국도 가입)
③ Meridian 회의: 2005년 G8국가 중심으로한 사이버범죄 예방위한 협조체제

16. 정답 ③

해설 정책부서는 정책의 입안과 집행 등을 위해 정부의 정책결정과정과 집행 시 주관한다. 정부정책의 결정과정에서 정보기관의 개입을 요구할 수도, 또한 개입을 허락해서도 안 된다.

17. 정답 ②

해설 대정보분야는 미측과 협조하는 분야가 아니다. 대정보는 '대공용의점(북한의 개입여부 평가)'을 분석하는 기능으로 한국(한국군)의 정보 및 방첩기관, 수사기관만 참여한다.

18. 정답 ④

해설 연방정보통신국은 연방경호부 소속으로 부문정보기관이다. 물론 연방경호부가 대통령 직속기관이기에 연방정보통신국이 대통령의 지시도 받겠지만, 공식적인 지휘체계는 대통령-연방경호부-연방정보통신국 체계이다.

19. 정답 ①

해설 걸프전쟁(1991년)은 미국정보기관의 획기적인 발전과 변화를 가져다주는 직접적인 동기는 아니었다.

20. 정답 ②
해설 장면정부 '중앙정보연구위원회'는 총리직속기구로 1960년에 조직(20여명)되었으나, 법적근거가 없었고 예산도 미편성되어 제기능을 발휘하지 못하다가 1961년 군사정권에서 창설한 중앙정보부로 흡수통일 되었을 뿐, 아무런 관련이 없다.

21. 정답 ③
해설 SLBM(잠수함 발사 탄도미사일, Submarine-Launched Ballistic Missile)이다.
* SLBM은 대륙간탄도미사일(ICBM)·전략폭격기와 함께 3대 전략무기이며 그중에서도 핵심전략무기로 손꼽힌다.

22. 정답 ②
해설 합참의장은 상설 참석하는 직책이 아니다.
국가안전보장회의법 제2조(구성) ①국가안전보장회의는 대통령, 국무총리, 외교부장관, 통일부장관, 국방부장관 및 국가정보원장과 대통령령으로 정하는 위원으로 구성한다.
* 제6조(출석 및 발언) 의장은 필요하다고 인정하는 경우에는 관계 부처의 장, 합동참모회의(合同參謀會議) 의장 또는 그 밖의 관계자를 회의에 출석시켜 발언하게 할 수 있다.

23. 정답 ③
해설 구성군(육·해·공군)사령관은 겸직 직책이 아니다.
주한미군사령관(USFK)은 한미연합군사령관(CFC ROK-US), 유엔군사령관(UNC), 주한미군 선임장성 등 4개 직책을 겸임한다.

24. 정답 ③
해설 정권교체 후 책임소재 규명 및 규정위반자 처벌은 여지껏 한국이 해온 결과이다. 이는 정보발전과 개혁이 아닌 문책성 조치로 정보발전에 저해되고 복지부동으로 이어져 국가정보활동의 퇴보로 이어지고 있는 악순환이다.

25. 정답 ④
해설 세계각국의 코로나 감염확진자 및 사망자 추적 및 확인은 질병관리청에서 세계보건기구를 통해서 파악하고 유지한다. 정보기관은 질병관리청이나 보건복지부에서 하지 못하는 관련된 정보를 수집하여 제공해야 한다.

18회 정답 및 해설

01	④	02	③	03	①	04	①
05	②	06	②	07	③	08	④
09	①	10	③	11	②	12	④
13	①	14	①	15	②	16	③
17	④	18	③	19	④	20	③
21	①	22	②	23	②	24	①
25	③						

01. ④

•해설• 국가정보학을 연구하는데 타학문에 비하여 특별한 지식과 전문성이 요구되지 않는다. 다른 문항의 3가지 요소가 국가정보학의 학문적 발전을 제한하는 요소이다.

02. ③

•해설• 연합참모부 제3부는 기술정찰부, 혹은 통신정보부로서 신호정보, 영상정보, 공개정보를 수집하는 기관이다.
   ※참고사항
   -연합참모부 제4부: 전자전부로 전자전 및 사이버전을 총괄한다.
   -제 61389부대: 신식보장기지라고도 하며, 중국군 사이버사령부이다.
   -제 61486부대: 미국에 대하여 사이버전 및 해커를 담당하는 전담부대이다.

03. ①

•해설• 익명성은 포함되지 않는다. 익명성은 사이버공간의 특징이다.
   ※참고사항
   -사이버공격의 특징: 은밀성, 감염성, 잠복성, 비대칭성
   -사이버공간의 특징: 광역성, 신속성, 개방성, 자율성, 익명성, 평등성

04. ①

•해설• (ㄱ)-(ㄷ)-(ㄴ)-(ㄹ)이다.
   ※북한 테러사건 년도
   -울진삼척 무장공비침투(1968.10월)

-강릉잠수함 침투(1996.9월)
-대한항공 납북사건(1969.12월)
-김정남 암살(2017.2월)

05. ②
•해설• 당소속 정보기관인 문화교류국이다.
※참고사항
2009년 정보기관 통폐합 시 유일하게 남은 대남공작기관으로 최근 국내 수많은 진보단체와 접선하여 공작지령을 하고 국내에서 반정부활동을 극렬하게 하도록 조종하고 있는 것이 확인되어 수사 중에 있다.

06. ②
•해설• (ㄱ)한국산업술보호협회-(ㄴ)국가수사본부이다.
※참고사항
- 한국산업술보호협회(KAIT): 2007년창설, 산업통상부과 국정원의 지원하 설치된 기관으로 국가핵심기술을 관리 및 지원한다.
- 국가수사본부: 2021년 경찰청 예하기관으로 독립하여 수사국 경제범죄수사과에서 국가핵심 기술 및 중요산업기술 유출범죄를 전담한다.

07. ③
•해설• ANMAN은 인간정보 수집이 강점이지만, 군사정찰위성을 통해서 신호정보와 영상정보도 수집한다.

08. ④
•해설• 아프카니스탄 탈레반(Taliban)이다.
산악지대에서 테러단체로 활동하다가 1997년 정권을 장악했으나, 당시 알카에다 테러단체를 지원하여 2001년 미국의 공격으로 퇴출되었다. 이후 산악지대에 은거하면서 꾸준히 세력을 유지시켜 투쟁하다가 2021년 8월 미군이 철수하면서 20년만에 다시 정권을 장악하였다. 특히 국민의 자유, 여성에 대한 탄압이 극악무도하다. 정권을 잡았지만, 미국은 여전히 테러단체로 규정하고 있다.

09. ①
•해설• 정보위원회는 비공개가 원칙이며, 위원의 재적 2/3이상이 요구시 특정사안에 대하여 공개하나, 이는 정보위원회만 공개하지 일반에 공개하는 것은 아니다.(국회법 제37조, 국정원법 제15조)

10. ③
•해설• IPEF(인도태평양 경제프레임 워크, 2022년 정식발효)이다.
  ※참고사항
   -AUKUS(오커스): 한국 미가입, 미국-영국-호주 3개국 안보공동체
   -Quad: 한국 미가입, 미국-일본-인도-호주 4개국 안보공동체
   -CPTTP(포괄적 점진적 환태평양 동반자협정): 한국 가입신청(미확정), 일본 주도의 11개국 경제협력체

11. ②
•해설• 외국정보감시법원에 긴급한 상황을 통보한 후 정당성이 입증하면 해외미국인에 영장없이 감시하는데, 48시간에서 최대 7일까지 가능토록 하였다.
  *외국정보감시법원: 미국에서 외국 및 외국인에 대한 정보감시를 승인해주는 전담법원으로 1978년 설립하였다. 정보기관이 외국인이나 해외 미국인을 대상으로 감시(도청·감청 등)할 경우 이법원의 승인을 받아야 한다.

12. ④
•해설• 비밀공작은 대외정책의 일환으로 시행하되 외교적인 해결이 우선이고, 불가능시 전쟁이전 단계로서 수행하는 정책 집행이다. 비밀공작을 외교적인 해결이전에 시행하지 않는다.

13. ①
•해설• 록펠러위원회이다. 1975년 포드대통령 당시 부통령 록펠러에게 위원장을 맡아서 정보기구들의 불법행위들을 자체 조사하도록 한 회의체이다.
  ※참고사항
   -이노우에-해밀턴위원회(1987년): 이란-콘트라사건 조사를 위한 의회의 조사위원회
   -아스핀-브라운위원회(1994년): 1994년 CIA요원 알드리히 에임즈의 간첩행위를 조사한 의회의 조사위원회
   -처치위원회(1975년): 국가정보기관들의 불법적인 활동을 조사한 의회의 최초 조사위원회

14. ①
•해설• (ㄱ)미러이미지-(ㄷ)고객과신주의이다
  집단사고나 정보분석의 정치화는 정보조직의 오류형태이다.

15. ②
해설 비공직가장은 다양하고 광범위한 대상자와 접촉이 가능하나, 수집된 첩보를 안전한 방법으로 본국에 보고하는 경우에 매우 애로가 많다. 보안을 유지하는 수단이 제한되어 있다.

16. ③
해설 전복공작은 해당되지 않는다.
※참고사항
- 대상국의 군사력을 동원하여 직접적인 군사공격을 단행하는 행위이다.(준군사공작)
- 대상국의 경제정책을 자국에 유리하도록 영향력을 행사하며 파업을 유도하기도 한다.(경제공작)
- 자국에 대한 상대국의 지지자, 동조자를 확보하기 위한 목적으로 자국의 여러 분야를 전파한다.(선전공작)
- 상대국의 정치에 은밀하게 개입하여 자국에 유리한 방향으로 조성한다.(정치공작)

17. ④
해설 '정보는 비밀로서의 큰 가치가 있다'는 포함되지 않는다.

18. ③
해설 통합형-통합형-분리형-분리형이다.
※참고사항
- 업무의 효율성을 가져 올 수 있다.(통합형 장점)
- 정보기관에 대한 견제가 부족, 권력집중이 심화될 수 있다.(통합형 단점)
- 정보기관간 상호견제로 정보독점 방지, 권력 집중의 남용을 방지한다.(분리형 장점)
- 배타적 속성으로 정보공유 및 협력이 미흡할 수 있다.(분리형 단점)

19. ④
해설 정보생산자는 분석과정에서 개인적 편견과 집단적 편견을 최소화하고 반드시 객관성을 유지해야 한다.

20. ③
해설 위원회 구성은 국가안전보장회의법에 명시된 6명의 위원과 대통령이 정하는 5명 등 총 11명이다.
※참고사항
- 국가안전보장회의 법 명시직책: 6명(대통령, 국무총리, 외교장관, 국장장관, 통일부장관, 국정원장)
- 대통령이 정하는 위원(5명): 행안부장관, 대통령비서실장, 국가안보실장, NSC사무처장(국가안보실 1차장 겸직), 국가안보실 2차장(근거: 국가안전보장회의 운영에 관한 규정, 대통령령)

21. ①
해설 언론-합법성-효율성이다.
정보기관에 대한 의회의 통제기준은 적절성, 효율성, 합법성이 있다.

22. ②
해설 각국들이 자국의 군사력을 강화하면서 독립적이 아니라, 외교적으로나 안보적으로도 동맹이나 협력체를 결성하기 위해 노력하는 추세이다.

23. ②
해설 국가정보는 정책결정단계에서 국력의 효과적인 사용과 미래상황을 예측하여 효과적인 선택을 할 수 있는 기회를 제공함에 있어서 필요시 유용한 정책을 선택하는데 필요한 정보를 지원만 한다. 어떠한 상황에서도 정보는 정책결정에 관여해서는 안 된다.
이 내용은 국가정보와 정책의 관계 분야로서, 정책결정과정에서의 정보의 기능을 다루고 있다. 정책결정과정 단계, 즉 문제확인-정책계획-정책결정-정책집행과 평가 의 각 단계에서 정보의 기능을 잘 설명해 주고 있다. 가장 핵심은 정보는 정책결정에 지원역할이지 관여나 간섭을 하면 안 된다.

24. ①
해설 FAPSI(연방정보통신국, 러시아)이다.
이 문제는 'ECHELON' 에 가입한 각국의 신호정보기관에 대한 성격을 질문하고 있다.
※ECHELON 정보기관
 -ASIO: 호주 보안정보국
 -CSE: 캐나다 통신보안국
 -GCSB: 뉴질랜드 통신보안국
 -GCHQ: 영국 정부통신본부
 -NSA: 미국 국가안보국

25. ③
해설 NIC(ODNI 예하의 국가정보위원회)이다.
※참고사항
 - NIMC(국가정보관리위원회): 국가정보 매니저회의체, 정보공동체의 로드맵 역할 수행
 - JICC(합동정보공동체위원회): ODNI의 외부기구로 정보공동체관리를 위한 자문회의체, 년2회 개최
 - NCTC(국가대테러센터): 미국내 모든 테러위협정보를 통합, 분석하여 지원

19회 정답 및 해설

01	③	02	④	03	④	04	①
05	①	06	②	07	③	08	②
09	④	10	①	11	③	12	④
13	①	14	①	15	②	16	④
17	③	18	②	19	④	20	③
21	④	22	①	23	②	24	②
25	③						

01. ③

•해설• 한국에 미국의 전술핵 및 전략자산을 상시적으로 배치하도록 합의하지 않았으며, 다만 미국의 전략잠수함(SSBN)을 포함하여 각 전략자산이 빈번하게 한반도에 전개하도록 하였다.

※ 워싱턴 선언

한·미정상회담(2023.4.25.-29,워싱턴)에서 북한핵 위협관련하여 적극적인 대안으로 기존 확장억제전략협의체(EDSCG)보다 격상된 핵협의그룹(NCG)을 발족하였고, 미 전략자산의 빈번한 한반도전개, 한·미연합훈련 강화, 한국의 NPT 의무이행 등을 확인하였다.

02. ④

•해설• 행동주의는 수집된 내용에 대한 종합적이고 분석평가를 통한 판단정보를 중시하였으며, 적극적인 정보지원을 강조하였다.

03. ④

•해설• 국방혁신 4.0의 표어는 '튼튼한 국방, 국방과학기술 강군'이다.

※ 국방혁신 4.0
 1. 표어: 튼튼한 국방, 과학기술 강군
 2. 목표
   ○ 제2창군 수준의 「국방혁신 4.0」 추진으로 AI 과학기술 강군육성
   ○ AI 기반의 유·무인 복합 전투체계 발전, 국방 R&D 체계 전반 개혁
 3. 주요과제

○ AI 기반의 유·무인 복합 전투체계로 단계별 전환
○ 한국형 전력증강 프로세스 정립
  - 킬체인(Kill Chain), 한국형 미사일방어체계(KAMD), 대량응징보복(KMPR) 전력 등 3축 체계 능력을 확보
  - 전략사령부 창설
  - 군 독자 정찰위성 및 유·무인 정찰기 등 전력화, 독자적인 북한 정보감시정찰 능력 구비
○ 한·미 군사동맹 결속력 강화
  - 한·미연합 야외기동훈련(FTX) 재개
○ 첨단과학기술 기반 군 구조 발전
○ 과학적 훈련체계 구축
○ 혁신, 개방, 융합의 국방 R&D 체계 구축

04. ①

•해설• 인식론적 경직성은 분석관의 오류이다.
고정관념이 강한 분석관이 처음 세운 가설에 몰입, 수집된 첩보중 자신의 고정관념과 배치되는 내용을 배척하며 자신의 생각을 반영하려는 경향이다.
※ 참고사항
② 인질담보(False Hostage): 조직차원에서 타정보기관의 이슈에 대하여 강력하게 반대하는척하다가 이 슈를 수용해주는 대가로 자신들이 관철하고자 하는 이슈를 수용하도록 상호 합의 하는 것
③ 부처이기주의: 타기관 및 타부서를 견제하려는 목적으로 의견을 미반영하고 자신의 부서(기관)의 영향력을 강화하려는 행위
④ 정보분석의 정치화: 조직차원에서 정책결정자의 정치성향과 이념을 의식하여 정보분석에 개입시키는 행위

05. ①

•해설• Steganography 이다
※참고사항
② Brush pass: 공공장소에서 스치면서 전달하기
③ Cyber Devke: 온라인상 연락소, 온라인 무인함
④ Dead Drop: 직접만나지 않고 특정장소에 보관하여 차후에 가져가는 방법

06. ②

•해설• 합참차장은 중장편제(육군, 공군, 해군 3성장성급)로 해당되지 않는다.
대장 편제중에 한·미연합사 부사령관은 한미·연합사령부에 근무하기 때문에 자칫 한국군 군사 1급비밀이 미

군측에 유출될 수 있는 가능성을 사전에 차단하기 위해서 포함되지 않는다.

한·미군사동맹에 따른 한·미군사비밀은 별도로 존재하며, 그런 경우에는 공동으로 공유하지만, 개별국가(미군, 한국군)의 단독 군사비밀을 철저하게 상호간 관리하는 것이 원칙이다.

07. ③

•해설• NSC에서 위임한 사항을 실무적으로 처리하기 위해서 상임위원회를 두며, 상임위원장은 대통령실 국가안보실장이다.

상임위원회 위원은 외교부장관, 통일부장관, 국방부장관, 국가정보원장, 대통령 비서실장, 사무처장(국가안보실 제1차장), 사무차장(국가안보실 제2차장)이다.

08. ②

•해설• 정보기관은 어떠한 경우라도 정책부서의 정책결정에 개입이나 관여해서는 안된다. 만약, 개입할 경우 향후 정보기관의 권력화로 진행할 가능성이 크다.

9. ④

•해설• 과학기술국(DST)이다. 징후계측정보(MASINT)를 전담하는 부서이다.

10. ①

•해설• 제3방안-비밀공작이다.

마크 로웬탈은 제1방안-방관(無조치, 평화적·외교적인조치), 제2방안-군사적 개입(무력행사), 제3방안-비밀공작을 주장하였다.

제3방안 비밀공작은 소극적 외교와 적극적 군사개입의 중간수준의 조치라고 강조하였다.

11. ③

•해설• 이한영 암살(1997년)이다.

※ 참고사항
① 황장엽 암살조 파견(2010년)
② 천안함 폭침(2010년)
④ 김정남 암살(2017년)

12. ④

해설 미국-합동정보공동체위원회(JICC)이다. 미국의 정보조정 및 통제기관은 ODNI이다.
JICC는 ODNI의 외부기구로서 국가정보에 대한 자문 및 정보공동체관리를 위한 자문회의 기구이다.

13. ①

해설 화학무기이다.
미국의 전략 사령부는 대륙간탄도미사일(ICBM), 핵잠수함미사일(SLBM), 전략폭격기를 3대 핵전략자산으로 분류하고 있다.

14. ①

해설 인도·태평양 프레임워크(IPEF)이다.
2022년 발효하였고 각종 광물이나 지하자원 등을 상습적으로 무기화하고 보복하는 중국에 맞서서 가입 14개국이 상호 공급망을 형성하고 안정적인 공급망을 구축하기 위한 경제협력체이다.
*가입국은 14개국으로 미국, 한국, 일본, 호주, 뉴질랜드, 인도, 부루나이, 인도네시아, 말레이시아, 필리핀, 싱가포르, 태국, 베트남, 피지(추가국가)이다.
※ 참고사항
② 포괄적·점진적 환태평양 동반자협정(CPTTP): 일본주도의 다자간 무역협정(11개국, 한국 가입신청 중)
③ 역내 포괄적 경제동반자협정(RCEP): 중국주도의 역내 경제협력체(15개국, 한국 가입)
④ 환태평양 경제동반자협정(TPP): 미국주도로 진행하다가 미국 탈퇴, 일본이 주도하여 CPTTP로 발전함.

15. ②

해설 태국이다.
태국은 관광활성화 목적으로 2022년 6월 최초로 합법화하였다. 가정에서 대마초 6그루까지 재배를 허용하였고, 각종 음료수, 사탕류 등에 포함하여 판매하고 있다.
한국은 속인주의로 법적 처벌하며, 2023년부터 군입대시 신체검사에서 마약검사를 합법화하였다.

16. ④

해설 DEA(마약단속국)은 법무부소속의 부문정보기관이다.
국가부문정보기관은 소속이 정부부처이지만 국가차원의 광범위하고 포괄적인 정보를 수집 분석하는 정보기관을 의미한다.

17. ③
해설 방첩사는 보안과 관련된 신원조사, 보안사고 조사, 보안감사, 군보안대책(규정 포함) 수립 및 개선하고, 전반적으로 군에 대한 보안업무를 지원하는 부대이지 직접 전군의 보안업무를 시행하는 부대가 아니다. 각군별 각급부대가 보안업무를 시행하고 책임을 진다.(방첩사가 모든 보안업무를 담당하고 책임진다..는 오해 절대 금지) 한국군의 보안업무는 국방장관을 대신하여 국방정보본부장이 최종책임을 지며, 각 군별 각급부대가 보안업무를 담당하고 해당 부대장이 책임을 진다.

18. ②
해설 국가수사본부장은 독립적인 기관은 맞으나 대통령이 아닌 경찰청장의 지휘를 받는다.

19. ④
해설 국가방첩전략회의의장-국가정보원장이다.
　　※ 참고사항(추가 위원장·의장)
　　　국가사이버안보전략회의 의장-국정원장
　　　NSC상임원장-국가안보실장

20. ③
해설 JICC(합동정보공동체위원회)은 외곽 자문기구이다.
　　※ 참고사항
　　① NIMC(국가정보관리위원회)
　　② NCSC(국가방첩보안센터)
　　④ PDB Staff(대통령 일일브리핑 팀)

21. ④
해설 문화교류국(구 225국)이다. 유일하게 당 소속 대남공작기관이다.

22. ①
해설 해외 주재원은 해당되지 않는다. 흑색요원(비공직가장)으로 포함 된 경우만 인간정보 수집요원이다. 일반적인 기관이나 상사의 주재원은 인간정보 수집요원이 아니다.

23. ②

해설 정보위원회는 국정원의 예산심사를 비공개로 하며, 어떠한 경우에도 의원들이 합의하에 필요시 국정원의 예산내역을 공개하거나 누설할 수 없다.

정보위원회에서 논의되었던 정보나 예산심사시 지득한 내용을 어떠한 경우에서도 위원 개인이 누설하거나 공개할 수 없도록 되어 있다.(국가정보원법 제16조 예산, 국회법 제54조 회의비공개)

다만, 정보위원회의 논의 내용 중에서 각 당의 간사만 대표로 기밀내용은 빼고 간략한 내용을 언론에 공개하는 것은 허용하고 있다.

24. ②

해설 이란의 오하브2(핵보안국)이다.

이란은 인도, 파키스탄, 이스라엘, 북한 등 비인정된 핵무기 4개국가 외에 유일하게 다섯 번째로 핵무기 개발을 공식적으로 추진하고 있다. 여기에 이스라엘이 강력하게 반대하고 있으며, 모사드가 이를 저지하기 위해 집요한 추적과 감시를 진행하고 있는 가운데, 이를 차단하고 핵과학자 보호 등을 위해서 전담하는 기관이다.

25. ③

해설 국가수사본부장은 포함되지 않는다. 국가수사본부장(치안정감, 차관보급)이며, 경찰청장(치안총감, 차관급)도 포함되지 않는다.

참고로 정부기관의(군 제외) 차관급이면서 포함된 직책은 고위공직자범죄수사처장, 대통령경호처장 등 2명이다.

20회 정답 및 해설

01	②	02	①	03	③	04	④
05	①	06	④	07	②	08	④
09	①	10	③	11	②	12	③
13	④	14	③	15	④	16	①
17	③	18	③	19	①	20	①
21	②	22	③	23	④	24	②
25	①						

01. ②

해설 중립국가인 핀란드와 스웨덴이 NATO에 가입하였다.

북대서양 조약 기구: 1949년 탄생한 북미와 유럽 등 서방 국가들의 군사동맹이다. 본부는 벨기에의 수도 브뤼셀에 위치한다.

2022년 러시아의 우크라이나 침공 이후에는 냉전 시기 중립국의 위치를 지켰던 스웨덴과 핀란드가 러시아의 군사적 위협에 대항하기 위해 2022년 가입 신청서를 냈으며, 2023년 3월 30일 핀란드의 가입을 튀르키예가 승인하며 4월 4일 공식적으로 핀란드가 나토의 31번째 회원국으로 추가되었다. 스웨덴은 2024년에 32번째 국가로 가입하였다.

02. ①

해설 특별첩보요구(SRI)는 급변사태나 정세의 긴박한 변화 등 안보사태에 큰 영향을 주는 요소에 대하여만 OIR에 반영하여 첩보를 요구한다. SRI는 수시로 요구해서는 안되며 그야말로 긴급시에만 요구해야 정보기관이 정상적인 업무를 수행할 수 있다.

03. ③

해설 초급 군간부의 복지분야 확대는 해당사항이 아니다.

※ 국방혁신 4.0
  1. 표어: 튼튼한 국방, 과학기술 강군
  2. 목표
    ○ 제2창군 수준의 「국방혁신 4.0」 추진으로 AI 과학기술 강군육성
    ○ AI 기반의 유·무인 복합 전투체계 발전, 국방 R&D 체계 전반 개혁

3. 주요과제
　○ AI 기반의 유·무인 복합 전투체계로 단계별 전환
　○ 한국형 전력증강 프로세스 정립
　　- 킬체인(Kill Chain), 한국형 미사일방어체계(KAMD), 대량응징보복(KMPR) 전력 등 3축 체계 능력을 확보
　　- 전략사령부 창설
　　- 군 독자 정찰위성 및 유·무인 정찰기 등 전력화, 독자적인 북한 정보감시정찰 능력 구비
　○ 한·미 군사동맹 결속력 강화
　　- 한·미연합 야외기동훈련(FTX) 재개
　○ 첨단과학기술 기반 군 구조 발전
　○ 과학적 훈련체계 구축
　○ 혁신, 개방, 융합의 국방 R&D 체계 구축

04. ④
해설 국내 방위산업체는 해당사항이 아니다.

05. ①
해설 전자정보는 해당사항이 아니다.
징후계측정보는 적외선정보, 레이더정보, 핵정보, 레이저정보, 화학·생물학 정보로 구분한다.

06. ④
해설 비밀점검 원칙은 해당사항이 아니다.
보안업무규정 제12조에 과도·과도분류금지, 내용·가치에 의한 분류, 외국비밀시 접수부서에서 보호기간 변경 등 3가지가 있다.

07. ②
해설 대사관 직원은 해당사항이 아니다. 대사관 직원은 정보요원으로 활동할 수 없으며, 상대국가에서 적발시 추방당할 수 있다.(대사관직원은 해당국가에서 추적감시하고 있음)

08. ④
해설 '라'는 징후계측정보이고, 나머지는 신호정보이다.

09. ①

해설 공군 공정통제사부대(CCT)는 2급 대테러특수부대이다.(2020.7월 추가 지정)
국가대테러 1급 특수부대: 707특수임무단, 해군특전단 특수임무대대 등 5개 부대이다.

10. ③

해설 개인정보 침해는 사이버범죄에 해당한다.
※참고사항
- 사이버 범죄: 사이버공간에서의 전산기술 이용한 각종 일반 범죄행위
  *불법복제, 사기(통신, 게임), 불법유해사이트 운영, 명예훼손, 사이버스토킹, 개인정보침해 등

- 사이버 테러: 사이버공간에서의 폭력행위, 컴퓨터 통신망을 이용하여 정부기관 및 민간의 정보시스템에 침입, 장애 및 파괴하는 범죄행위
  *DDos공격, 자료유출, 파일삭제, 폭탄메일 등의 해킹과 각종 악성프로그램(트로이 목마, 웜바이러스 등)을 유포하는 행위

11. ②

해설 2급 비밀: 누설시 국가안전보장에 막대한 지장을 끼칠 우려가 있는 비밀이다.
각 비밀간 용어에 특별하게 관심 갖고 숙지해야 한다.

12. ③

해설 대테러센터는 국가대테러위원회 예하기관이다.
*국정원 예하기관(추가): 국제범죄정보센터, 방첩정보공유센터가 있다(총 5개)

13. ④

해설 SAVAK은 국내방첩기관이다. 나머지는 해외정보수집기관이다.

14. ③

해설 GRU(정보총국)이다. 러시아 정보기관 중 군정보기관이면서도 소련 해체 시 한 번도 해체되거나 영향을 받지 않았던 군정보기관이다. 국방부소속이나 대통령이 직접 지시하기도 한다. 해외정보수집관련 SVR 보다 많은 해외스파이를 보유하고 있다.

15. ④

해설 당 통일전선공작부이다.
전세계에 공산당과 공산세력을 확장하여 연합전선을 형성하고, 중국의 우군으로 끌어들여 서방국가와의 대결에서 승리하기 위한 공산당혁명전술의 총괄기관이다. 이를 위해 전세계에 공작학원을 세워서 순수한 공자사상을 교육한다고 위장하여 실제로는 공산당 홍보와 중국의 전략전술을 홍보하는 기관으로 둔갑하였고, 이 사실이 탄로나면서 전세계의 반발을 사고 있으며 많은 국가들이 폐쇄조치하고 있다.(한국은 아직 미폐쇄)

16. ①

해설 FBI는 법무부소속의 국가부문정보기관이다.
국가정보기관은 소속이 행정수반(대통령, 수상)의 직속 독립기관으로 국가급 차원의 광범위하고 포괄적인 정보를 수집 분석하는 정보기관을 의미한다.(국가정보기관과 국가부문정보기관과의 차이점을 명확하게 구분해야 한다)

17. ③

해설 방첩사령부는 군의 방첩수사 및 군사보안에 대한 업무지원을 하며, 국방장관의 지휘를 받는다.

18. ③

해설 일본야쿠자-이탈리아 마피아는 해당사항이 아니다.
일본야쿠자-중국 삼합회-북아프리카 범죄조직, 일본 야쿠자-한국 칠성파와 연대조직하고 있다.

19. ①

해설 특수군사활동은 정규군 외에 정보기관이 주도하에 실시하는 경우는 없다. 정규군을 동원한 정상적인 정규작전 수행활동이다.

20. ①

해설 각종 휴대장비 및 물품 출처보호는 공작장비 출처보호 방법에 속한다.

21. ②
• 해설 • 군사정찰 위성이다. 북한은 한국보다 먼저 군사정찰위성을 발사하여 기선을 제압한다는 목표로 조기에 발사하였으나 결함으로 실패하였다. 북한은 계속 군사정찰위성을 발사할 것으로 예상된다.
한국군은 2023년 11월 미국(스페이스X의 '팰컨9', 캘리포니아주 반덴더그 공군기지)에서 2023년 11월 군사정찰위성 1호 발사를 예고하고 있다. 영상위성으로 해상도 30cm급이다.

22. ③
• 해설 • 정보조정관(Mission Manager) 제도이다.
ODNI는 17개 정보공동체의 정보업무를 조정·통제하기 위해서 사용하고 있으며, DIA는 국방부 예하 정보기관의 정보업무를 조정·통제하기 위해서 각각 운영하고 있다.

23. ④
• 해설 • 국민들의 정보욕구를 충족시키기 위해서 대국민 정보서비스를 확대하고, 민간부분의 정보연구활동을 적극 장려하여 국가정보 발전을 추구해야 한다.

24. ②
• 해설 • 적국의 일상적인 동향, 주민들의 특이동향 등은 평상시 국가위기관리를 위한 주요한 정보는 아니다.

25. ①
• 해설 • IPEF(인도·태평양 경제프레임워크, 미국 주도 14개국)-RCEP(역내 포괄적 경제동반자 협정, 중국 주도 15개국)이다.
TPP(환태평양 동반자협정, 일본주도의 CPTTP로 발전)
CPTTP(포괄적·점진적 환태평양 동반자협정, 일본주도 11개국, 한국 가입 신청 중)

21회 정답 및 해설

01	④	02	②	03	③	04	④
05	④	06	②	07	①	08	①
09	③	10	④	11	②	12	①
13	④	14	③	15	③	16	①
17	①	18	②	19	④	20	②
21	③	22	②	23	②	24	④
25	③						

01. ④
해설 쿼드에 참여하는 국가는 미국, 호주, 일본, 인도 4개국이다.
*오커스 참가국: 미국, 영국, 호주

02. ②
해설 Information는 뉴스, 기사 등으로 간단하게 확인된 자료들이다. 여기에 분석 및 평가된 내용들이 이 범주에 포함 될 수가 없다.

03. ③
해설 요소에 따라 정치정보, 경제정보, 군사정보 등으로 분류한다.
수집활동에 따라 인간정보, 기술정보, 공개정보 등으로 분류한다.

04. ④
해설 정보사령부는 북한 및 주변국의 군사정보만 수집한다.

05. ④
해설 하마스
*하마스(Hamas): 대 이스라엘 무장 투쟁을 목표로 요르단강 서안 및 가자기구에서 무장 투쟁을 전개하고 있다.

06. ②
•해설• 인간정보는 첩보의 신뢰성에서 기술정보보다 우선한다고 볼 수 없다. 모든 수집 출처가 각각의 특징이 있으며, 모든 출처를 융합하였을 때 신뢰성이 가장 크다.

07. ①
•해설• 국가수사본부장은 해당되지 않는다.

08. ①
•해설• 민주주의는 권력의 분산을 지향하지만, 국가정보가 반드시 중앙집권형 형태와 활동을 지향하는 것은 아니다. 각국은 상황에 맞게 국내와 해외 분리, 혹은 중앙집중형 및 분산형 등 다양하게 정보기관을 운용할 수 있다.

09. ③
•해설• 백도어이다.

10. ④
•해설• Microdots는 미세축소 사진이다. 설계도나 주요사진 정보를 손톱보다 작은 축소필름에 담아 은닉한다. 사진 등 매체에 메시지를 숨겨서 전달하는 것은 Steganography이다.(현재 문화교류국이 국내 간첩포섭 시 사용하는 수법 중 가장 많이 쓰고 있음)

11. ②
•해설• 레드팀이다
개인이나 소수를 통해 논쟁하여 얻어내는 방법은 악마의 대변인 이다.

12. ①
•해설• 국가사이버안보센타는 국가정보원이 정보를 수집하고 주도적으로 조치하는 부서이다. 그러나 테러정보통합센타, 국제범죄정보센터, 방첩정보공유센터는 관련 정보를 수집하여 수사권이 있는 기관에 지원한다.

13. ④
•해설• Mossad는 해외정보기관이다.

14. ③
•해설• 정보보고서는 정보생산자의 능력이므로 경험과 지식을 토대로 주관적이 아닌 가장 중요한 요소인 객관적으로 작성해야 한다.

15. ③
•해설• 세계 경쟁력이 있는 국내 주요기업의 산업정보활동은 국가정보활동의 필요성이 아니다.

16. ①
•해설• SIS는 영국 외무부 소속이다.
국가정보기관은 소속이 행정수반(대통령, 수상)의 직속 독립기관으로 국가급 차원의 광범위하고 포괄적인 정보를 수집 분석하는 정보기관을 의미한다.(국가정보기관과 국가부문정보기관과의 차이점을 명확하게 구분해야 한다)

17. ①
•해설• 정보실패는 전적으로 정보분석관의 책임으로 볼 수 없다. 정보조직 차원의 문제점도 있으며, 첩보를 수집하는 과정에서의 책임도 있다.

18. ②
•해설• 산업스파이 교육 및 해외활동 지원은 국정원의 임무 범위가 아니다.

19. ④
•해설• 기술정보는 원거리나 인간정보로 수집하지 못하는 분야까지 수집이 가능하므로 기술정보수집 중심으로 모든 수집역량을 개편하는 것은 적절치 않다. 기술정보로 확인 할 수 없는 부분에 대해서는 인간정보가 매우 유용하다. 따라서 모든 수집출처를 가능한 균등하게 배분하고 효율적으로 운용하는 것이 바람직하다.

20. ②
•해설• ㉠ ㉡ 이다.
㉢ 사회안전성 ㉣ 호위사령부는 정보기관이 아니다.

21. ③
•해설• 문화교류국이다.

22. ②
•해설• CIA의 DS&T(과학기술국)이다.
CIA는 해외에서의 인간정보 수집, 비밀공작을 주임무로 수행하는 해외정보기관이다.

23. ②
•해설• 군사첩보위성 등 독자적인 정보수집자산을 조기에 확보하여 북한 전역에 대한 감시역량을 강화하고, 북한의 모든 위협징후를 사전에 포착하는 것이 중요하다.
북한의 핵위협은 현실화 되었다. 독자적으로 북한핵의 도발이나 공격위협을 사전포착하여 선제타격을 위해서는 군사정찰 위성 등 독자적 감시자산 확보가 무엇보다 중요하다.

24. ④
•해설• 국방부나 각 군에서 평시 가장 중요한 정보는 북한군의 군사동향, 그중에서도 북한의 전쟁징후, 핵위협, 군사 도발 등 군사관련 정보이다.(이 내용은 2차 면접에서도 질문 문항이므로 반드시 기억하기 바람)

25. ③
•해설• 한-미 동맹이다. 한국은 세계에서 미국과만 군사동맹을 맺고 있다.

22회 정답 및 해설

01	④	02	②	03	①	04	①
05	③	06	④	07	①	08	③
09	②	10	②	11	①	12	③
13	④	14	①	15	③	16	①
17	④	18	③	19	③	20	①
21	④	22	②	23	①	24	②
25	④						

01. ④
해설 미국은 9.11테러이후부터 국가정보에 대한 관심이 증대하였고, CIA 내부대학 및 군 정보교육기관에 많은 정보관련 강좌가 개설되는 등 매우 활발하였다.

02. ②
해설 제 61486부대는 미국에 대하여 사이버전 및 해킹을 전담하는 중국군 사이버부대이다.
  ※참고사항
   -연합참모부 제3부: 기술정찰부, 혹은 통신 정보부로서 신호정보, 영상정보, 공개정보를 수집하는 기관이다.
   -연합참모부 제4부: 전자전부로 전자전 및 사이버전을 총괄한다.
   -제61389부대: 신식보장기지(위장 명칭)라고도 하며, 사이버전 및 해킹을 담당하는 중국군 사이버사령부이다.

03. ①
해설 개방성은 포함되지 않는다. 개방성은 사이버공간의 특징이다.
  ※참고사항
   -사이버공격의 특징: 은밀성, 감염성, 잠복성, 비대칭성
   -사이버공간의 특징: 광역성, 신속성, 개방성, 자율성, 익명성, 평등성

04. ①
해설 (ㄴ)-(ㄷ)-(ㄱ)-(ㄹ)이다.
  ※북한 테러사건 년도

-강릉잠수함 침투(1996.9월)
-일심회간첩단 사건(2006.10월)
-황장엽암살조 파견(2010.4월)
-김정남 암살(2017.2월)

05. ③

•해설• 당소속 정보기관인 문화교류국이다.
※참고사항
 2009년 정보기관 통폐합 시 당 소속으로 유일하게 남은 대남공작기관이다. 최근 국내 수많은 진보단체 및 종북세력과 접선하여 공작지령을 하고 국내에서 반정부활동 및 반미투쟁을 극렬하게 하도록 조종하고 있다. 충북동지회 등 다수 진보단체 등이 문화교류국에 포섭되어 김정은에게 혈서로 충성맹세문 작성, 공작금 지원 등을 받고 간첩활동에 연루되었으며, 충북동지회 연루자(4명)는 1심에서 징역 12년형을 선고받았다.

06. ④

•해설• (ㄱ)국정원 산업기밀보호센터-(ㄴ)국가수사본부이다.
※참고사항
-산업기밀보호센터(NISC): 2003년 창설, 기업 및 연구소가 보유하고 있는 첨단기술과 경영상 정보의 해외유출을 차단하고 산업스파이 색출, 정보수집, 산업보안교육 등을 실시한다.
-국가수사본부: 2021년 경찰청 예하기관으로 독 립하여 수사국 경제범죄수사과에서 국가핵심 기술 및 중요산업기술 해외 유출범죄를 전담한다.

07. ①

•해설• ANMAN은 군 정보기관으로 인간정보 수집이 강점이지만, 군사정찰위성을 통해서 신호정보와 영상정보도 수집하는 등 전출처 정보를 수집하는 정보기관이다.

08. ③

•해설• 팔레스타인 하마스이다.
팔레스타인 자치정부의 통제도 안 받고 독자적으로 가자지구를 통치하는 무장정파(정치활동 및 무력집단 운용)로서 강성 테러활동을 하였다. 2023년 10월 7일 이스라엘을 전격 기습공격하여 현재 전쟁 중에 있으며 많은 피해를 입어 세력이 매우 약화되어 있다.

09. ②
•해설• 정보위원회는 모든 내용이 국가기밀로서 비공개가 원칙이다. 특정사안에 대하여 공개하는 경우에도 정보위원회에만 공개하는 것이지 일반 및 언론에 공개하는 것은 아니다.(국회법 제37조, 국정원법 제15조)

10. ②
•해설• IPEF(인도태평양 경제프레임 워크, 2022년 정식발효)이다.
※참고사항
- AUKUS(오커스): 한국 미가입, 미국-영국-호주 3개국 안보공동체
- Quad: 한국 미가입, 미국-일본-인도-호주 4개국 안보공동체
- CPTTP(포괄적 점진적 환태평양 동반자협정): 한국 가입신청(미확정), 일본 주도의 11개국 경제협력체

11. ①
•해설• 외국정보감시법원에 긴급한 상황을 통보한 후 정당성이 입증하면 해외나 미국 내 간첩 활동하는 대상자에게 영장없이 감시가 가능하다. 그러나 48시간에서 최대 7일까지 가능토록 하였다. 무제한 감시 및 도청을 할 수 없다.
*외국정보감시법원: 미국을 대상으로 미국인 및 외국인의 간첩활동에 대한 정보감시를 승인해주는 전담법원으로 1978년 설립하였다. 정보기관이 외국인이나 해외 미국인을 대상으로 감시(도청·감청 등)할 경우 이 법원의 승인을 받아야 한다.

12. ③
•해설• 비밀공작은 대외정책의 일환으로 시행하되 외교적인 해결이 우선이고, 불가능시 전쟁이전 단계로서 수행하는 정책 집행이다. 비밀공작을 외교적인 해결 이전에 먼저 시행하지 않는다.

13. ④
•해설• 록펠러위원회이다. 1975년 포드대통령 당시 부통령 록펠러에게 위원장을 맡아서 정보기구들의 불법행위들을 자체 조사하도록 한 회의체이다.
※참고사항
- 이노우에-해밀턴위원회(1987년): 이란-콘트라사건 조사를 위한 의회의 조사위원회
- 아스핀-브라운위원회(1994년): 1994년 CIA요원 알드리히 에임즈의 간첩행위를 조사한 의회의 조사위원회
- 처치위원회(1975년): 국가정보기관들의 불법적인 활동을 조사한 의회의 최초 조사위원회

14. ①
• 해설 • ㈀주석전쟁-㈐인식론적 경직성이다
집단사고나 정보분석의 정치화는 정보조직의 오류형태이다.

15. ③
• 해설 • 정보관은 정보기관의 정식요원으로 정보원과 1:1 수직관계를 유지가 원칙이며, 정보원들끼리도 전혀 횡적관계를 유지할 수 없다. 이럴 경우 만약 노출시에는 치명적이기에 절대로 횡적관계를 유지하지 않는다.

16. ①
• 해설 • 준군사공작은 해당되지 않는다.
※참고사항
㈀ 자국에 불리한 영향을 주는 상대국 정권을 직간접적으로 변화시키는 행위이다.(전복공작)
㈁ 자국에 대한 상대국의 지지자, 동조자를 확보하기 위한 목적으로 자국의 여러 분야를 전파한다.(선전공작)
㈂ 대상국의 경제정책을 자국에 유리하도록 영향력을 행사하며 파업을 유도하기도 한다.(경제공작)

17. ④
• 해설 • 자료나 첩보가 부족할 경우 효과적인 경우는 질적분석의 장점이다.

18. ③
• 해설 • 통합형-통합형-분리형-분리형이다.
※참고사항
㈀ 정보활동에 대한 중앙집권적 통제가 용이하다.(통합형 장점)
㈁ 정보기관에 대한 견제가 부족, 민주적 견제와 균형에 역행한다.(통합형 단점)
㈂ 정보기관간 상호견제로 정보의 독점을 방지할 수 있다.(분리형 장점)
㈃ 정보기관간 상호 과도한 경쟁으로 비효율적일 수도 있다.(분리형 단점)

19. ③
• 해설 • 정보생산자는 분석과정에서 개인적 편견과 집단적 편견을 최소화하고 반드시 객관성을 유지해야 한다.

20. ①

•해설• 위원회 구성은 국가안전보장회의법에 명시된 6명의 위원과 대통령이 정하는 5명 등 총 11명이다.
　　※참고사항
　　　-국가안전보장회의법 명시직책: 6명(대통령, 국무총리, 외교장관, 국장장관, 통일부장관, 국정원장)
　　　-대통령이 정하는 위원(5명): 행안부장관, 대통령비서실장, 국가안보실장, NSC사무처장(국가안보실 1차장 겸직), 국가안보실 2차장(근거: 국가안전보장회의 운영에 관한 규정, 대통령령)

21. ④

•해설• 효율성-적절성-합법성이다.
　　정보기관에 대한 의회의 통제기준은 적절성, 효율성, 합법성이 있다.

22. ②

•해설• 유럽의 각국들이 자국의 군사력을 강화하면서 국방비를 대폭 증액하고 모병도 강화하는 추세이다. 아울러 독립적이 아니라, 외교적으로나 안보적으로도 EU가입을 추진하거나 안보 협력체를 결성하기 위해 노력하고 있다. 또한 이스라엘-하마스 전쟁 등 유례없는 2개의 전쟁이 동시에 발생하면서 세계화가 퇴보하고 있으며 세계 각국들이 모두 안보문제가 이슈화 되고 있다.

23. ①

•해설• 국가정보는 정책결정단계에서 국력의 효과적인 사용과 미래상황을 예측하여 효과적인 선택을 할 수 있는 기회를 제공함에 있어서 유용한 정책을 선택하는데 필요한 정보를 지원만 한다. 어떠한 상황에서도 정보는 정책결정에 관여해서는 안 된다.
　　이 내용은 국가정보와 정책의 관계 분야로서, 정책결정과정에서의 정보의 기능을 다루고 있다. 정책결정과정 단계, 즉 문제확인-정책계획-정책결정-정책집행과 평가의 각 단계에서 정보의 기능을 잘 설명해 주고 있다. 가장 핵심은 정보는 정책결정에 지원역할이지 관여나 간섭을 하면 안 된다.

24. ②

•해설• FAPSI(연방정보통신국, 러시아)는 ECHELON에 포함되지 않는다.

　　*ECHELON 정보기관
　　　-ASIO: 호주 보안정보국
　　　-CSE: 캐나다 통신보안국
　　　-GCSB: 뉴질랜드 통신보안국
　　　-GCHQ: 영국 정부통신본부
　　　-NSA: 미국 국가안보국

25. ④

•해설• 내각정보안보조정관이다.

　　※참고사항
　　① JIC: 합동정보위원회(내각정보안보조정관이 의장으로 이 기구를 통해 정보기관을 조정 및 통제한다)
　　② NSC: 국가안전보장회의(수상이 의장이 되며, 국가안보, 외교정책 등 안보이슈 위협에 대응하기 위한 정부의 안보회의체)
　　③ JIO: 합동정보조직(JIC과 NSC를 지원하기 위한 실무조직체)

23회 정답 및 해설

01	④	02	②	03	③	04	④
05	③	06	②	07	①	08	①
09	④	10	④	11	③	12	④
13	③	14	②	15	③	16	①
17	②	18	④	19	③	20	②
21	③	22	②	23	①	24	④
25	①						

01. ④

•해설• 전통주의는 현용정보를 중시하며 정보의 소극적인 지원을 중시한다.

02. ②

•해설• 미국의 전술핵을 한국에 상시적으로 배치하도록 합의하지 않았으며, 다만 미국의 전략잠수함(SSBN)을 포함하여 각 전략자산이 빈번하게 한반도에 전개하도록 하였다.

※워싱턴 선언

한·미정상회담(2023.4.25.-29,워싱턴)에서 북한핵 위협관련하여 적극적인 대안으로 기존 확장억제전략협의체(EDSCG)보다 격상된 핵협의그룹(NCG)을 발족하였고, 미 전략자산의 빈번한 한반도전개, 한·미연합훈련 강화, 한국의 NPT 의무이행 등을 확인하였다.

03. ③

•해설• 하마스(Hamas)이다.

※하마스(Hamas)

팔레스타인 수니파 이스람주의의 정당이자 준군사조직이다. 가자지구를 기반으로 반시온주의를 표방하며 이스라엘을 몰아내고 독립적인 팔레스타인국가의 독립을 주장하는 강경한 무장정파로서 미국, 캐나다, 유럽연합 등은 테러단체로 규정하였다.

04. ④

•해설• 인식론적 경직성은 분석관의 오류이다.

고정관념이 강한 분석관이 처음 세운 가설에 몰입, 수집된 첩보중 자신의 고정관념과 배치되는 내용을 배척하며 자신의 생각을 반영하려는 경향이다.

※ 참고사항

① 집단사고(Group Think): 조직의 성향으로 진실이 가려지고 집단성향으로 보고서가 생산되는 현상
② 인질담보(False Hostage): 조직차원에서 타정보기관의 이슈에 대하여 강력하게 반대하는척하다가 이슈를 수용해주는 대가로 자신들이 관철하고자 하는 이슈를 수용하도록 상호 합의 하는 것
③ 부처이기주의: 타기관 및 타부서를 견제하려는 목적으로 의견을 미반영하고 자신의 부서(기관)의 영향력을 강화하려는 행위

05. ③

•해설• Steganography 이다.

※참고사항

① Cyber Devke: 온라인상 연락소, 온라인 무인함
② Brush pass: 공공장소에서 스치면서 전달하기
④ Dead Drop: 직접만나지 않고 특정장소에 보관하여 차후에 가져가는 방법

06. ②

•해설• 병무청장은 해당되지 않는다.

07. ①

•해설• 정보메모(Intelligence Memorandum)는 CIA에서 작성하며, 나머지는 모두 ODNI에서 작성한다.
미국은 총 18개의 정보기관이 있으며 이를 조정 및 통제하고 정보를 종합분석하는 ODNI가 대부분 정보를 생산하여 대통령 및 관련 정부부처를 지원하는 것이 원칙이다. 그러나, 일부 정보내용 특성상 전문정보기관인 CIA(해외)나 DIA(국방 및 군사)가 직접 작성하여 보고하는 문건이 상존한다.
-CIA작성 보고서: 특별정보보고(SIR), 정보메모(IM)
-DIA작성 보고서: 군사정보요약(MID), 국방정보평가(DIA)

08. ①

•해설• 정보기관은 어떠한 경우라도 정책부서의 정책결정에 개입이나 관여해서는 안된다. 정보기관은 정보지원으로 제한되어야 한다.

09. ④
•해설• 과학기술국(DST)이다. 징후계측정보(MASINT)를 전담하는 부서이다.
※ 참고사항
CIA예하부서의 과학기술국(DS&T)은 인간정보요원들의 정보활동에 필요한 각종 첨단장비 및 시스템을 개발, 운영 및 분석하는 부서이다. 따라서 DIA의 DST와 혼돈하지 말아야 한다.

10. ④
•해설• 대형무기 거래 등 국가안보 위협은 국제범죄의 특징에 해당한다. 국제범죄 폐해에 '국가사회의 안정 저해'가 추가로 포함된다.
※국제범죄의 특징
①범죄조직의 확장 및 세계화 추구 ②대형무기거래로 국가안보 위협 ③범죄조직간의 국제적인 연대 강화 ④ 합법적 기업화 위장으로 범죄추적 애로 등이다.

11. ③
•해설• 최덕근 영사 피살(1996년 10월, 블라디보스톡)
※ 참고사항
① 연평도 포격(2010.11.23)
② 천안함 폭침(2010.3.26)
④ 김정남 암살(2017.2.13)

12. ④
•해설• 이스라엘-정보기관장회의(VARASH)이다
JICC은 미국 ODNI의 외부기구로서 국가정보에 대한 자문 및 정보공동체관리를 위한 자문회의 기구이다.

13. ③
•해설• 극초음속 미사일은 포함되지 않는다.
미국의 전략사령부(USSTRATCO)는 대륙간탄도미사일(ICBM), 핵잠수함미사일(SLBM), 전략폭격기를 3대 핵전략자산으로 분류하고 있다. 이에 의거하여 모든 국가에서 3대 전략자산으로 통용하고 있다.

14. ②
•해설• 인도·태평양 프레임워크(IPEF)이다.

2022년 발효하였고 각종 광물이나 지하자원 등을 상습적으로 무기화하고 보복하는 중국에 맞서서 가입 14개국이 상호 공급망을 형성하고 안정적인 공급망을 구축하기 위한 경제협력체이다.

*가입국은 14개국으로 미국, 한국, 일본, 호주, 뉴질랜드, 인도, 부루나이, 인도네시아, 말레이시아, 필리핀, 싱가포르, 태국, 베트남, 피지이다.

※ 참고사항
① 역내 포괄적 경제동반자협정(RCEP): 중국주도의 역내 경제협력체(15개국, 한국 가입)
③ 포괄적·점진적 환태평양 동반자협정(CPTTP): 일본주도의 다자간 무역협정(11개국, 한국 가입신청 중)
④ 환태평양 경제동반자협정(TPP): 미국주도로 진행하다가 미국 탈퇴, 일본이 주도하여 CPTTP로 발전함.

15. ③

•해설• 러시아는 마약을 합법화한 국가가 아니다.
네덜란드(1976년), 태국(2022년), 독일(2024년) 이 마약을 합법화 하였다.
한국은 속인주의로 마약사범을 법적 처벌하며, 2023년부터 군입대시 신체검사에서 마약검사를 합법화 하고 있다.

16. ①

•해설• INR은 국무부의 부문정보기관이다.
국가부문정보기관은 소속이 정부부처이지만 국가차원의 광범위하고 포괄적인 정보를 수집 분석하는 국가정보기관을 의미한다.

17. ②

•해설• 방첩사는 보안과 관련된 신원조사, 보안사고 조사, 보안감사, 군보안대책(규정 포함) 수립 및 개선하고, 전반적으로 군에 대한 보안업무를 지원하는 부대이지 직접 전군의 보안업무를 시행하고 책임지는 부대가 아니다. 각군별 각급부대가 보안업무를 시행하고 최종책임을 진다.(방첩사가 모든 보안업무를 담당하고 책임진다..는 오해 절대 금지)
한국군의 보안업무는 국방장관을 대신하여 국방정보본부장이 최종책임을 지며, 각 군별 각급부대가 보안업무를 담당하고 해당 부대장이 최종책임을 진다.

18. ④

•해설• 간첩수사 등 대공수사권은 해당되지 않는다. 국정원법 개정에 의거하여 2024.1.1.일부로 대공수사권은 국가수사본부가 담당한다.

19. ③
•해설• 국가방첩전략회의의장-국가정보원장이다.
※ 참고사항(추가 위원장·의장)
국가사이버안보전략회의의장-국가정보원장
NSC상임원장-국가안보실장

20. ②
•해설• 영국은 포함되지 않는다.
※ 참고사항
쿼드(QUAD): 미국, 일본, 인도, 호주
오커스(AUKUS): 미국, 영국, 호주

21. ③
•해설• 문화교류국(구 225국)이다. 유일하게 당 소속 대남공작기관으로 잔존하고 있으며, 국내 반정부단체 및 진보적 시민단체를 대상으로 포섭 및 간첩활동을 적극적으로 공작하고 있다.

22. ②
•해설• FAPSI(러시아 연방정보통신국)는 포함되지 않는다.
※ 참고사항
ECHELON에 포함하는 정보기관은 NSA(미국), GCHQ(영국), ASIO(호주), CSE(캐나다), GCSB(뉴질랜드)이다.

23. ①
•해설• 로젠버그 부부이다.
철저한 공산주의자로 공산당원으로도 활약했으며, 인류최초의 핵무기개발계획인 '맨하탄 프로젝트'를 수집하여 소련에 넘겨주어 미국 역사상 최초로 사형을 받은 민간인이다.

24. ④
•해설• 한국인터넷진흥원이다.

25. ①
•해설• U-2기는 유인 정찰기이고 나머지는 무인정찰기이다.

24회 정답 및 해설

01	①	02	④	03	④	04	②
05	④	06	①	07	③	08	④
09	②	10	④	11	②	12	③
13	①	14	①	15	③	16	④
17	②	18	③	19	④	20	①
21	①	22	③	23	③	24	④
25	①						

01. ①

해설 기본정보는 변화하지 않은 기초적인 정보를 의미한다. 향후 예측되는 내용 등은 포함되지 않는다. 백과사전, 국토면적, 인구, 정치제도 등 기본적인 데이터가 기본정보에 속한다.

02. ④

해설 (ㄱ)-(ㄹ)-(ㅅ)

AUKUS에 해당하는 국가는 3개국으로 미국, 영국, 호주이다. 중국의 '일대일로정책'에 대응하기 위한 외교안보협의체이자 군사동맹으로 2021년 출범하였다.

03. ④

해설 한국 군사정찰위성 중 1호기는 전자광학(EO)·적외선 열상(IR) 위성이고, 나머지 4기는 모두 SAR(영상레이더) 위성으로 영상정보만 수집한다. 신호정보는 포함하지 않는다.

04. ②

해설 중앙안전관리위원회는 국가재난위기시스템이다.

한국은 국가안보위기시스템(국가안전보장회의, 국가안보실, 국가안보실 위기관리센터)과 국가재난위기시스템(중앙안전관리위원회, 중앙재난안전대책본부)으로 구분하여 운용한다.

05. ④

•해설• Swarm ball 현상이다. 축구경기시 자신의 포지션을 지키는 것이 아니라 공만 보고 달리는 경향으로 비유한다. Swarm ball 현상은 정보수집에도 있지만, 정보분석에서도 이런 현상이 있다.

06. ①

•해설• 정보수집-처리·탐색-배포이다.
CIA의 정보순환 5단계는 기획·지시-정보수집-처리·탐색-분석·생산-배포이다.

07. ③

•해설• 북한 핵보유는 미스터리가 아니라 명확한 비밀정보이다.
현재까지 북한은 6차까지 핵실험을 통해서 대략 40~90여기의 핵탄두를 보유한 것으로 미국 등 권위있는 군사전문기관에서 추정하고 있다. 아울러 핵탄두 운반수단인 탄도미사일(ICBM)을 개발하여 미국 워싱턴까지 도달하는 사거리 15,000km ICBM(화성-18형, 2022년)을 성공하였고, 한국을 겨냥한 대형방사포 및 단거리 미사일(KN-23,24,25)을 개발 완료하였다. 다만 국제적으로 핵보유국임을 인정하지 않았을 뿐이다.

08. ④

•해설• 국세청은 방첩기관에 포함되지 않는다.
한국 방첩기관은 총 7개이다. 기존의 6개기관(국정원, 경찰청, 해경청, 방첩사, 법무부, 관세청)에서 2024년 특허청이 추가되었다.

09. ②

•해설• 회색선전은 선전공작의 일환이다.

10. ④

•해설• 테러와 관련된 정보는 대테러센터에서 자체적으로 수집할 능력이 없다. 테러와 관련된 정보는 국가정보원 테러정보통합센터에서 수집하여 대테러센터에 지원한다. 대테러센터는 테러정보통합센터로부터 지원받은 정보를 종합하여 테러경보 발령여부를 검토한다.

11. ②
•해설• 방첩활동의 범위는 상대국 정보기관이나 정보요원으로만 제한하는 것이 아니라, 모든 개인, 기업, NGO 등을 모두 망라한다. 각국에서는 모든 요소를 동원하여 정보수집활동을 시행하는 추세이다.

12. ③
•해설• 영상정보는 특정순간을 포착하므로 촬영전과 촬영후에 무엇이 어떻게 전개되었는지에 대한 정보파악이 매우 제한된다. 따라서 이 경우에 신호정보 등과 중첩하여 정보를 수집하므로서 취약성을 보완하는 경우가 많다.

13. ①
•해설• 이스라엘-LAKAM은 과거의 정보기관이다.
LAKAM은 군사과학기술정보 수집기관으로 1986년 조나단폴라드 스파이 사건으로 해체되었다.

14. ①
•해설• (ㄱ)-(ㄷ)-(ㅂ) 이다.
정책결정과정의 문제확인 분야에서의 정보의 기능은 (ㄱ) 국가이익증대를 위한 여건 분석 (ㄷ) 안보취약성 진단 (ㅂ) 적국에 대한 위협평가가 포함된다. 여기에 조기경보체계 등이 추가된다.

15. ③
•해설• 북한의 2009년 정보기구 개편시 잔존한 기구는 문화교류국으로 대남공작원 양성 및 남파, 한국 내 고정간첩 포섭 등의 대남공작임무를 수행하고 있다. 현재 국내 수개 시민단체가 문화교류국 공작원에 포섭되어 간첩행위로 구속, 재판중에 있다.

16. ④
•해설• EMP폭탄-전자적 미생물이다.
재밍(전파방해), 치핑, EMP탄, 나노머신(초미세형 로봇), 마이크로베스(전자적 미생물),고출력 전자총 등은 하드웨어에 대한 공격형태이다.

17. ②

•해설• 덴마크는 마약 합법화 국가가 아니다.
마약을 합법화한 국가는 네덜란드, 우루과이, 캐나다, 미국(각주별 다름), 태국(2022년), 독일(2024년) 등이다.

18. ③

•해설• 사이버침해 대응본부는 한국인터넷진흥원 예하의 부서로서 민간의 사이버침해 및 피해 등을 예방하고 대응하는 부서이다.

19. ④

•해설• 각국의 정치상황이나 체제에 따라서 국가정보가 정권안보나 체제유지를 위해 사용되는 것은 보편적이 아니라 비정상적이다. 일부 권위주의 및 독재국가에서 이러한 경향이 있는데, 이는 매우 잘못된 것이다.

20. ①

•해설• 로버트 한센(FBI요원)은 소련 및 러시아의 정보원(돈을 받고 첩보를 넘겨주는 일정기간 고용된 인원)으로 복역 중 2023년 옥중 사망하였다.
② 로젠버그 부부(미국의 자발적 협조자)
③ 엘리코헨(이스라엘 정보요원/정식요원)
④ 퀀터기욤(동독의 정보요원/정식요원)

21. ①

•해설• CIA는 인간정보위주로 전 세계의 해외정보를 수집, 분석하며 모든 정보는 ODNI를 통하여 대통령께 보고한다. 단, 대통령의 특별한 지시가 있을 경우에만 단독으로 보고하는 경우도 있다. 하지만 CIA의 자의적 판단에 의해서 필요시 단독으로 대통령께 보고할 수 없다.

22. ③

•해설• 우크라이나 침공으로 세계화가 퇴보하며, 다자간·지역 간 안보동맹체제로 강화되고 있다. 중립국을 표방했던 스웨덴, 핀란드가 중립국을 포기하고 오히려 NATO가입 하는 등 자국 안보를 위해 분명한 태도를 취하고 있으며 군사력을 강화하고 있다. 중립적인 입장을 보이는 경향의 국가는 거의 없어지는 추세이다.

23. ③
•해설• GCHQ는 영국의 외무부소속 정부통신본부로 부문정보기관이다.

24. ④
•해설• 대통령 등 행정부의 정보통제는 인사권, 조직해체 및 신설권, 행정명령권 등이 있다. 대정부 질의는 의회의 정보통제에 해당한다.

25. ①
•해설• 한국은 IPEF(인도태평양 경제프레임워크)에 가입되어 있다.
TPP(환태평양 경제동반자협정)은 무산된 기구로 CPTTP로 발전하였다.
CPTTP(포괄적·점진적 환태평양 동반자협정)는 2021년 한국이 가입 신청하였으나, 아직 정식가입비준을 받지 못한 상태이며, 비준을 추진중에 있다.

25회 정답 및 해설

01	③	02	④	03	②	04	①
05	①	06	②	07	①	08	③
09	①	10	④	11	④	12	②
13	③	14	④	15	②	16	③
17	①	18	②	19	③	20	④
21	①	22	③	23	③	24	②
25	④						

01. ③

•해설• 국가정보학 기능에서 국가정보활동에 대한 학문적인 전문성을 제고시켜 주는 것은 적절치 않다. 정답선지 외에 정보활동 법적근거 마련, 선진정보시스템 연구 도입 등이 국가정보학의 기능에 해당한다.

02. ④

•해설• 기획지시-정보수집-처리탐색-분석생산-배포 순이다.
*마크로웬탈의 정보순환 6단계
정보요구-정보수집-처리탐색-분석생산-배포소비-환류

03. ②

•해설• 셔먼켄트: 정보는 지식, 조직, 활동(국가안보 아님)이다.

04. ①

•해설• 첩보는 목적성을 가지고 의도적으로 수집한 자료로 검증 및 평가되지 않은 자료이다. 첩보의 예는 신문, 방송, 뉴스, 학술지 등이다.

05. ①

•해설• 해당국가 언어 등 어학 능력 숙달은 우선적 소양이 아니다. 분석관은 위 선지중에서 ②항~④항이 우선이고 언어능력은 차선이다.

06. ②

•해설• 산업정보는 고유기능이 아니다.

　　*정보활동 4대 고유기능
　　　정보수집, 정보분석, 비밀공작, 방첩 및 보안

07. ①

•해설• 글로벌 호크(RQ-4)로 4기를 운용중에 있다.

　※ 참고
　② 스카우트(SCOUT): 이스라엘 중고도 무인기(2000년대 초반 개발)
　③ RQ-1, 프레데터: 미국 중고도 무인기, 미국에서 운용 중
　④ 헤론(Heron): 이스라엘 중고도 무인기(2007년 개발)

08. ③

•해설• 핵심판단기법이다. 군사정보분석 시 가장 많이 적용한다. 핵심적인 사항을 우선적으로 선별, 추가내용을 수집하여 그 내용을 토대로 주변분석을 하는 형태이다. 여기에는 선입견이나 편견, 특정가설을 선호해서는 안 된다.

09. ①

•해설• 협조자이다. 협조자는 계약관계가 없지만, 해당 출처에 접근이 가능하거나 경력이나 경험상 유익한 첩보를 제공할 수 있는 중요한 첩보수집원이다.

10. ④

•해설• 특별정보보고(SIR)는 CIA에서 작성하는 보고서이다. 최고위급 정책결정자에게 제공하는 보고서로서, 세계의 중요한 이슈나 사건에 대하여 요약한 보고서이다. 이는 CIA가 주요 사안에 대하여 신속성과 적시성을 위해서 직접 작성하여 배포한다.

11. ④

•해설• 문서를 파기할 때에는 그 문서를 반드시 완전하게 세절한 후에 소각해야 한다. 문서 원형을 세절하지 않고 원형 그대로 소각해서는 안된다. 이는 문서형태로 통째 유출을 차단하기 위함이다.

12. ②
해설 준군사공작은 최초부터 시행하는 것이 아니라 여타공작을 시도해 본 후에 별다른 성과가 없을 경우에 최종적으로 시행하는 공작행위이다. 실패시에 외교적인 문제나 전쟁까지도 발생할 수 있어서 매우 신중하게 최종적으로 선택하는 비밀공작 행위이다.

13. ③
해설 특허청으로 2024년도에 추가로 지정되어 방첩기관은 7개 기관이다. 특허청은 국가 핵심기술의 특허를 지정하고 그 기술을 관리하는 정부기관으로서 국가핵심기술을 보호하기 위해서 방첩기관으로 지정하였다.

14. ④
해설 하마스(Hamas)이다. 이스라엘 무장투쟁에 매우 강경적 입장을 고수하면서 이스라엘을 몰아내고 이슬람국가건설을 목표로 하고 있다. 2023년 10월 7일 이스라엘을 기습공격하여 현재까지 전쟁중에 있다.

15. ②
해설 바세나르체제는 4대 수출통제체제 중 재래식무기의 분쟁지역이나 테러국가에 수출을 방지하는 위한 국제통제체제로서 국제사이버와 전혀 관련이 없다.

16. ③
해설 통신비밀보호법 제7조에 적시되어 있는 내용으로서 국가안보를 위한 통신제한조치에 관한 내용이다.

17. ①
해설 합참의 사이버방호태세 경보는 군내부에만 발령한다. 민간은 대상이 아니다. 다만, 북한의 사이버공격이 민간기관에 대하여 활발하게 공격할 경우 군에도 확대될 가능성에 대비하여 군에 경보발령시 참고할 수 있다.

18. ②
해설 베네수엘라는 테러지원국가에 포함되지 않는다. 2025년 현재 테러지원국은 시리아, 이란, 북한, 쿠바 등 4개국가이다.

19. ③
해설 프랑스-GIPN는 틀린 내용이다. GIPN은 프랑스 지역별 대도시의 경찰 대테러특수부대이다.

20. ④
•해설• 일본야쿠자-이탈리아마피아는 연대하는 국제범죄 카르텔이 아니다.

21. ①
•해설• 러시아의 우크라이나 침공으로 국제정세가 급변하고 있으며, 이러한 요즘의 시대를 '신(新)냉전' 시대라고 한다. 냉전시대는 미국과 소련이 경쟁하였던 1991년(소련몰락)이전을 의미한다.

22. ③
•해설• 비밀정보부(SIS)는 영국 외무부 소속이다. 소속별 정보기구는 정보기관이 행정수반 직속인지 행정부처 소속인지를 구분하는 것이다.

23. ③
•해설• NIS(국가정보원)은 대통령 직속의 정보기관으로 국가정보기관이다. 국가부분정보기관이란 정부부처 소속이지만 수행하는 정보활동이 국가차원에서 수행하는 정보기관을 의미한다. 국가부문정보기관은 국가정보기관과 같은 말이지만, 구태여 소속을 두고 국가정보기관과 국가부문정보기관이라고 구분하는 경우를 말한다.

24. ②
•해설• 군과 민간정보기구의 구분인 행정영역에 대한 성격을 의미한다. 국가정보보안부(SAVAMA)는 이란 국내방첩기관으로 민간기관이다.

25. ④
•해설• NIS(국가정보원)은 수사권이 없다. 2023년 12월 31일 부로 경찰청 국가수사본부로 모든 수사권을 이관하였다. 현재는 관련된 정보만을 수집하여 국가수사본부에 제공한다.

※ 주의사항
본 문제집의 문제는 베스트에듀의 지적재산권이므로 외부에 임의적으로 유출하거나 인터넷에서 불법으로 공유, 무단 복사, 복제하여 사용할 경우에 저작권법 제36조에 저촉될 수 있습니다.

편/저/자/약/력

김민곤 (국제정치학 박사)

GWP군무원학원 국가정보학 교수(현)
성결대학교 교양학부 초빙교수(현)
한국국가정보학회 부회장(국방정보 및 군사정보분야, 현)
행정안전부 안전한국훈련 중앙평가위원(현)
행정안전부 정부을지연습 중앙평가위원(현)
인천시 · 고양시 · 과천시 민방위교육 강사(현)
협성대학교 초빙교수
삼성그룹 삼성SDI(주) 비상계획관
국군정보사령부 육군대령 예편
국군정보사령부 부대장 · 정책부서장 · 분석관 근무(26년)
국방부 · 국군정보사령부 군무원 면접관
한 · 미 군사력평가회의(MCC) 한국군 군사대표단(미, 워싱턴)
합동참모대학 #10기 졸업
경남대학교 대학원 국제정치학 박사
고려대학교 정책대학원 정치학 석사
고려대학교 경제학과 경제학사
육군3사관학교 #16기 졸업 및 임관

국가정보학 Special 실전 모의고사 vol.2

2025년 5월 1일   1판 인쇄
2025년 5월 5일   1판 발행

편저자	김민곤
발행인	염명숙
발행처	베스트에듀
등 록	제 2014-000012호
주 소	서울시 동작구 노량진동 127-4
T E L	(02) 812-0532 HP 010-3375-2350(문자)
F A X	(02) 812-0516
이메일	ksdbdhl@nate.com

ISBN 979-11-93106-57-0 (13390)   정가 25000원

이 책의 무단 전재 또는 복제 행위는 저작권법 제136조에 의거 5년 이하의 징역 또는 5,000만원 이하의 벌금에 처하거나 이를 병과할 수 있습니다.